理想の経営

渋沢栄一に学ぶ
成功への10ヵ条

Eiichi Shibusawa's ideal of management.

株式会社ディセンター代表取締役
折原 浩

有隣堂

はじめに（本書の使い方）

世界的に有名な経営学者ピーター・ドラッカーは、渋沢栄一《しぶさわえいいち》の事を「世界の誰よりも早く、経営の本質は『社会的責任』にほかならないことを見抜いていた」といっていた。経営学の世界では、「経営学はアメリカから来る」といわれ、どうしてもアメリカが先行しているイメージはぬぐい切れないが、少なくとも我々の祖先にアメリカ人を驚かせた日本人がいたことを忘れてはならない。

もっというと、ピーター・ドラッカーは大の日本好きで、日本の事をよく研究していた。私たちが彼の言葉を聞いて納得できるのは、もしかしたらドラッカーのいうことに日本的な懐かしさを感じるからかもしれない。私はドラッカーが渋沢栄一から受けた影響は非常に大きいと思う。渋沢を勉強してみてそれは確信に変わった。それどころか、渋沢のいっていることだけで、経営学の基礎が全て盛り込まれている。

たとえば、渋沢の時代はあまりお客様からの情報は取らなかった。だから、その部分はさすがにないと思っていたのだが、渋沢は、「忠恕《ちゅうじょ》」という言葉で表している。これは現代では、該当する言葉がないのだが、あえて訳すと「気遣《きづか》い」だろうか？　「お客様を気遣い、お客様が欲しいと思ったものを、お客様からいわれる前に用意するのが商いである」といっているのだ。現代のようにアンケートの結果が見られない時代の話だから、と考えることもできるが、「お客様にいわれたから」そうしたというのではない。いわれる前に動くといっているのである。

本書は、渋沢栄一の言葉をもとに、経営者としての心構え、考え方の基礎となる「経営者マインド」について、ポイントを10カ条にまとめている。こうして見ると、全体を通じて、驚くべき言葉はあまりないかもしれない。しかし、逆にいうと、当たり前のことが経営には大切だということに気づかされる。あるいは、渋沢栄一の考え方が、当たり前のレベルにまで、現代経営に浸透《しんとう》した証左ともいえるのではないか。

なかには、古臭いと思ったり、現役経営者の方には耳が痛かったりする言葉もある（著者も現役経営者として、耳が痛い部分が多々ある）が、これら珠玉《しゅぎょく》の言葉たちは、きっと現代経営におおいに役に立つことだろう。

私自身、埼玉県の経営者一家に生まれ、渋沢栄一とも関係のあった祖父から、幼少のころから渋沢栄一経営について教育を受けた。学生時代に起業し、今も数社の社長を兼ねているが、このときの教えと、自分が「渋沢オタク」になってからの学びは大きく役立っている。

本書では、初めて経営を始める方も理解できるように、渋沢の思想にもとづきながら、なるべく平易《へいい》な言葉でシンプルにまとめるよう心がけた。また、各条の小タイトルごとに、自問自答《もんじとう》していただけるように質問も用意した。記述式になっているので、読者の皆様には是非、活用しながら考えていただきたい。

「近代日本資本主義の父」といわれる渋沢栄一は、まさに、コロナ禍からの回復を目指しつつある現代の日本企業、とくに中小企業を見越していたのではないか、と思われるほど、私たちに多くの示唆《しさ》を残している。

本書を通じて、渋沢マインドを持つ成功する企業家が増え、渋沢栄一の**「完《まっ》たき人の、世に隈《くま》なく充《み》たんことを欲する」**の心に、少しでも貢献できたらと願っている。

理想の経営　目次

序章　日本最大の企業家・渋沢栄一の一生

第1条 やりたいことを明確に描く

第2条 独創的なビジネスモデルを持つ

第3条 学び続ける

第7条 コミュニケーション力を養う

第8条 常にお客さまに問う

第9条　ヒトを創る

第10条 事業継続できる会社を目指す

序章 日本最大の企業家・渋沢栄一の一生

500の会社と600の団体を創った経営者

渋沢栄一の故郷《ふるさと》である、埼玉県の小学生には渋沢を題材にした授業があった。たしか小学校5年生のときに1時間か2時間かであったが、どこから来たのか見知らぬおじさんかおばさんが渋沢について語るのだ。いや、むしろ私の記憶が曖昧《あいまい》なので、名のある方だったのかもしれない。やんちゃだった私は、いつもなら話を聞かず、お昼寝タイムなのだが、その日は渋沢栄一の波乱万丈《はらんばんじょう》な人生に魅了されてしまった。

なかでも、渋沢が100も会社を創った、ということに驚きを隠せなかった。後に、渋沢が創ったのは、大小あわせて500社と600もの団体だとわかったが、私の記憶によると、その時は100社とたしかに聞いたのだ。一人の人間が100個も会社をつくっていいんだ。いや、1、2社ならともかく、さすがに100も会社をつくったら、どんなに急いでも一生のうちに間に合わないぞ。社員も入れたら何人だ。少なくとも社長だけでも100人必要だぞ。どうやっていうことを聞かせていたんだろう……。

とまあ、つぎつぎと興味が湧《わ》き上がり、おじさん（いやおばさんだったかも……）に質問したのを覚えている。質問されたおじさんも、どうやってだろうねぇ、とかあいまいな答えだったので、それならばと、自分で渋沢を調べることにした。

渋沢のいっていたこと、彼の主張や人生観を、渋沢栄一関連の書籍から学ぼうとするのだが、読めば読むほど、渋沢栄一の謎は深まっていく。なぜなら、渋沢のいっていることは、現代に生きる私たちからすれば、言葉が難しいうえに、当たり前のことが多く、とりわけめずらしいことをいっているわけではないからだ。しかも、それを長い話でグダグダといっており、ワンフレーズで切り出しにくい。でも、19歳になり、会社経営を始めると、あっ、これも書いてある、そういえば渋沢があんなことといっていたなぁ、と徐々にその魅力《みりょく》に取りつかれていった。

渋沢のエピソードで最も好きなのは「王子製紙」設立の話だ。渋沢の創った会社は、鉄道、海運、鉄鋼、ビールなど生活に寄与するものばかりなのに、そのなかで王子製紙は異様に映った。たしかに紙も生活必需品なのだが、渋沢が運営するにはちょっとイメージが違う。そんなときに、渋沢が遺した講演テープに答えがあった。

「これからの会社は、帳簿や約定《やくじょう》など紙に書いて残すものが大切となる。そのような時、綺麗で安い紙が必要だろう。これからは、紙で商売が決まるのだ」

なるほど、風吹けば桶屋《おけや》が儲《もう》かる、というが目の付け所が違うと感心したものだ。

渋沢の人生は、とかく節操《せっそう》がないように見えてしまう。討幕《とうばく》の志士《しし》を気取っていたのに、徳川家の家臣《かしん》、しかも、よりにもよって徳川慶喜《とくがわよしのぶ》の家臣になって働いていたり、江戸幕府が倒れると、いくら本意ではなかったといっても、倒幕した新政府の役人になったりしている。役人になってからも、井上馨《いのうえかおる》と仲が悪かったのに、西郷隆盛や江藤新平などのもっと大きな敵には共同戦線《きょうどうせんせん》を引いている。

新政府を喧嘩《けんか》別《わか》れのようにやめたかと思ったら、渋沢の会社に政府が出資したり、政府の事業に協力したりしている。でも、渋沢には渋沢なりの一貫性があった。それは「人々を豊かにする」というものである。徳川家の家臣になったのも、新政府の役人になったのも、それを辞めてから二度と戻らなかったのも、この信念を頑《かたく》なに守ったからである。

コロナ禍から立ち直りを模索している現代（2024年7月）に、渋沢栄一が一万円札になることは、偶然ではないと思う。多様性あふれる現在、様々な立場にあってブレない信念を貫いた渋沢の人生を学び、その言葉から経営学を学ぶことこそ、求められていることなのではないだろうか。

まずは、渋沢栄一という人物がどのような人物であったか、しばらくお付き合い願いたい。なぜなら、渋沢の人生を知れば、あの偉人も何となく、若き日は田舎のヤンキーのようなところがあっておもしろいからだ。あの、私たちが知っている「堅物《かたぶつ》」の渋沢が一本気《いっぽんぎ》で田舎もので、けれど決めたことは必ず守る少年だったこと。

その後、運命に翻弄《ほんろう》されるがかずかずの幸運をつかみ取った青年期。そして、自分の信念に向かってかずかずの実績を上げる熟練期と、人生の全てを社会のためにつくした晩年期……。それぞれに渋沢の人間性を形成する出来事がある。

ちなみに渋沢と書くと親戚も出てきてややこしいので、ここでは、「栄一」と親しみを込めて呼ぶこととする。

才知に長《た》けた少年期の栄一

渋沢栄一は、埼玉県深谷市の血洗島《ちあらいじま》に生まれた。このあたりは、農村地帯ではあるが、米より麦や野菜、養蚕《ようさん》や藍玉《あいだま》の生産が盛んなところだ。栄一の父、市郎右衛門《いちろうえもん》は農業よりも藍玉の製造販売に力を注ぎ、現金収入を得ていた。栄一の幸運の一つは父が農家として、実直で働き者だということだ。また、市郎右衛門は商才もあった。分家の出であったが、栄一が物心つくころには、豪商《ごうしょう》となっていたため、栄一は比較的豊かな家で育ったようだ。

栄一は幼いころから才覚溢《さいかくあふ》れる子どもとして有名であった。7歳になると親戚である尾高《おだか》惇忠《あつただ》の下《もと》に通うようになる。尾高の教え方は、当時よく用いられていた、何度も同じところを読ませる方法ではなく、ある程度まで読ませてわからないところを教える方法であった。栄一には、これが合っていたようである。

『三字経《さんじきょう》』『論語』『史記』『六国史《りっこくし》』『三国志』『南総里見八犬伝』などを学んでいる。栄一の集中力はすさまじく、年始回りの最中も、本を読みながら歩いていて溝にはまり、晴れ着を泥だらけにして母親に怒られたというエピソードもあるほどだ。

驚くべきは、その年齢である。7歳でこうした書物を読んだ栄一はもちろんであるが、当時、尾高は17歳。栄一も傑物《けつぶつ》だったが、この時、尾高は、すでに近隣《きんりん》で知られた漢学者で、人間的にも優れていた。栄一の幸運は、この尾高惇忠との出会いにあるかもしれない。

12歳くらいになると、父から「学者になるわけではないのだから農業や商売に精を出せ」

といわれた。最初は、親に反発していた栄一だったが、しだいに「それもそうだ」と思い直し、家業でもとくに藍玉業に精を出しだした。

栄一が13歳のとき、その日は父がちょうど不在だったので、一人で藍葉の買い入れに出た。初めは、子供と見て軽んじられたが、すぐに大人顔負けの買い入れをし、藍葉の品評《ひんぴょう》を行った。それが評判《ひょうばん》となり、栄一は目当ての量を瞬《また》く間に買い切った。旅から戻った父は、栄一の商才を喜び、褒《ほ》めたという。

栄一の姉・なかは病気がちだったため、家では様々な治療が行われていた。親戚は遠加美《とうかみ》講祈禱《こうきとう》をしてもらえるよう栄一の父・市郎右衛門に勧めていたが、父は迷信が嫌いで拒《こば》んでいた。

父と姉が不在の時、親戚が遠加美講の修験者《しゅげんじゃ》を連れてきた。栄一も祈禱は信じていないので、これを拒んだが、多勢《たぜい》に無勢《ぶぜい》、所詮《しょせん》は子供と叱られてしまい、とうとうお祓《はら》いが始まってしまった。

修験者たちは、厳《おごそ》かに呪文を唱え、家族にも唱和《しょうわ》させた。しばらくすると、修験者が、「この家は金神《こんじん》と井戸の神が祟《たた》っている。無縁仏《むえんぼとけ》もありそれも祟りの原因だ」などと語っている。親戚が、「そういえば、この家にはお伊勢参りに出かけたまま亡くなった人がいると聞いたことがある。無縁仏とはその人にちがいない」と返すと、「祠《ほこら》を立てて祀《まつ》るのがよかろう」などと話している。

胡散臭《うさんくさ》いと思った栄一が、「無縁仏が出たのは何年前ですか?」と聞くと「5、60年前だ」という。すかさず栄一が、「その時の年号は何年ですか」と聞くと、「天保《てんぽう》3年」と答えた。すると栄一は、「それはおかしい。天保3年というのは23年前だ。無縁仏のことがわかった神様がどうして年号を間違えましょう」というと、修験者たちは「これは神様ではなく野狐《やこ》がしでかしたことだ」とバツが悪そうに言い訳を始めた。栄一は「それならば祠を立てる必要はない」というと、親戚一同納得し、修験者たちは、栄一を睨《にら》みつけて帰っていったという。

高崎城乗っ取りに挫折し、京都へ

栄一が16歳のころ、代官《だいかん》から御用金《ごようきん》が命じられた。御用金とは、領主《りょうしゅ》・阿部家《あべけ》が村の比較的大きな家から、お金を借り入れることだ。とはいっても返済などされない。そんな御用金の用立てが何度も何度も命じられた。

ある時、名代《みょうだい》として父に代わって出向いた栄一は、それを「自分は名代なので、帰って父に相談してからお返事する」と突っぱねた。当時、代官にいわれたことはその場で返事をすることが習わしだった。もちろん、通常は代理の者が断ることなどできなかった。その後、代官とひと悶着《もんちゃく》あったが、最後は代官が根負けして、返答は後日、ということになった。

帰り道、栄一は「あの代官はとくに知識や教養があるとは思えないのに、軽蔑《けいべつ》するような物言いや態度だった。どうしてこんな目に遭《あ》わなくてはならないのだ。結局は、徳川家の政治から生じたものではないか」と怒りや悔しさで身体が震《ふる》えるほどだった。

家に帰って事の顚末《てんまつ》を父に話すと、父は「泣く子と地頭《じとう》には勝てぬ」といい、栄一には黙って、翌日、陣屋《じんや》に行き、御用金を渡してきた。後に事の顚末を知った栄一は、「もし親がいなければ代官を殴って出奔《しゅっぽん》していたかもしれない」と振り返っている。

栄一は18歳で尾高惇忠の娘、千代と結婚していたが、江戸に赴《おもむ》き、時代の風を感じたいという思いが強くなる。21歳になると、ついに2カ月ほど遊学させてもらい、江戸の海保漁村《ぎょそん》の塾と千葉栄次郎《ちばえいじろう》の剣道道場に通った。故郷では他人には引けを取らない栄一だったが、海保塾で孟子《もうし》の講釈《こうしゃく》を担当した際には、他の塾生から笑われてしまう始末だった。それでも江戸から戻ると、すでにいっぱしの志士になった気分だった。

そんな時、尾高惇忠の息子で栄一たちのリーダー格だった尾高長七郎が、坂下門外《さかしたもんがい》の変《へん》で幕府に疑われる。しかし長七郎は別の場所にいて、難を逃れた。栄一はそんな長七郎を追いかけ、「いまは江戸に向かうのは危険であるから、京都に身を隠してはいかがか」と路線変更を促《うなが》した。京都は今や尊王攘夷《そんのうじょうい》の本場である。栄一の目的は長七郎の保護だったが、結果的に長七郎から数々の情報をもらうことになる。栄一は京都からの情報により、その志《こころざし》を固めてゆくのである。

そのようななか、文久3（1863）年に尾高惇忠、いとこの渋沢喜作《しぶさわきさく》らと、高崎城《たかさきじょう》乗っ取りを計画する。これはまず高崎城を乗っ取り、横浜の外国人を皆殺しにしてしまおうという計画であった。高崎城へ立てこもれば、横浜に行くための軍勢が整えられるだろうという、後の栄一からは考えられない無謀《むぼう》な計画であった。

この計画は、それを知った長七郎に止められるのだが、栄一は最後まで抵抗したという。まだ血の気が多く「井《い》の中《なか》の蛙大海《かわずたいかい》を知らず」だったのかもしれない。これにより栄一たちは江戸幕府からにらまれる存在となった。

念のため、栄一たちはしばらくの間郷里《きょうり》を離れ、尊王攘夷《じょうい》派の主流である京都に行こうとした。当時は農民だけの旅行など危険が伴っていたので、江戸で偶然顔見知りになった平《ひら》岡円四郎《おかえんしろう》のところへ相談に行った。平岡は一橋家《ひとつばしけ》の家臣であり、当時は一橋慶喜《よしのぶ》に仕えている。残念ながら、平岡は不在だったため、奥方にとりなしてもらった。

京都に着くと、栄一たちは、毎日のように志士たちと交流を深めていった。当然、金が出ていく一方で、何の成果もあげられない。ただ、志士たちの言葉から、幕府は早々につぶれるということは、身にしみてわかった。

栄一たちは尾高長七郎にそれを伝えると、長七郎はすぐに京都に来て対策を練ることとなった。しかし、長七郎は、来る途中、誤《あやま》って人を斬《き》ってしまい、捕まってしまった。栄一は、長七郎の身を案じたが、同時に、この計画が幕府側に露呈《ろてい》することを恐れた。長七郎はこれ以降、長い投獄生活《とうごくせいかつ》を送り、明治になって開放されて間もなく亡くなっている。

一方、栄一たちの身を案じた平岡は、栄一たちを呼び出し、「これまで何か計画したり人を殺したりしたことはないか」と問う。これには、栄一が「義《ぎ》のために考えたことはあったが、実際に手を下したことはない」と答えた。平岡は頷《うなず》くと、志がおもしろいといって、一橋家に仕官《しかん》してみては、と推挙《すいきょ》してもらえることになった。一橋家は、一応、徳川将軍にもなれる血筋だったが、栄一から見ると、まさか本当に将軍になどなどとは思いもしない。「このまま無作為《むさくい》に京都で暮らしていても無意味だ」と思い、仕官することとなった。討幕《とうばく》尊王《そんのう》の志士かぶれから、まさかの幕府の御三卿《ごさんきょう》である、一橋家の家臣への転身である。

一橋家の家臣として才能が開花

元治元（1864）年、一橋家の家臣となった栄一は、その才覚《さいかく》を発揮していく。たとえば、関東人選御用掛《かんとうじんせんごようがかり》という在野《ざいや》の優秀な人物を探し出す任務《にんむ》では、剣術道場や漢学塾を回り50名ほど獲得《かくとく》した。また、栄一がその才能をいかんなく発揮したのは、やはり商売である。年貢米《ねんぐまい》の販売方法を変えたり、領地である播州《ばんしゅう》（兵庫県）の特産、白木綿《しろもめん》の販売計画の見直しや、同じく領地であった備中《びっちゅう》の硝石《しょうせき》を商品化したりした。栄一も勘定組頭《かんじょうくみがしら》となり、俸禄《ほうろく》も仕官当初の数倍となっていった。

なかでも、栄一の仕事として見逃せないのが、藩札《はんさつ》の流通だ。幕末の藩札は準備金が十分でなく、信用されていなかった。そこに目を付けた栄一は、一橋家が出す藩札に、準備金を用意して、流通させせた。これが見事にはまり、幕末の動乱期《どうらんき》でもあり、この藩札は信用を勝ち得た。

順風満帆《じゅんぷうまんぱん》だった栄一だが、思わぬ事件が起こる。平岡円四郎が水戸藩士《みとはんし》に殺害されるという事件が起こったのだ。開国論者《かいこくろんじゃ》だった平岡は、攘夷思考論者から疎《うと》まれていたのだ。後ろ盾《だて》を失った栄一に、さらに、大きな動きが起こる。一橋慶喜を征夷大将軍《せいいたいしょうぐん》にという動きだ。徳川宗家《そうけ》となれば、慶喜は討幕《とうばく》のターゲットになってしまう。栄一はそのような火中の栗を拾うようなことに反対するが、結局、慶喜は徳川宗家を相続《そうぞく》し、栄一は幕臣《ばくしん》となってしまう。栄一は、失望落胆《しつぼうらくたん》し、長州征伐《ちょうしゅうせいばつ》で最前線に立ち、討《う》ち死《じ》にしようとする。ところが、長州征伐は早々に和睦《わぼく》となり、栄一は一命をとりとめる。

その後、幕臣として悶々《もんもん》とした日々を過ごしていた栄一だったが、思わぬ転機が訪れる。慶応《けいおう》（１８６７）年フランスで開かれるパリ万国博覧会へ慶喜が招待されたのだ。だが、慶喜は将軍だったため、時間がさけない。仕方なく、パリには名代として弟の徳川昭武《あきたけ》を派遣《はけん》することとなった。その庶務会計係《しょむかいけいがかり》に、栄一が推薦されたのだ。打診《だしん》が来ると栄一は、すぐに「引き受ける」との返事を出した。栄一にとってはまさに渡りに船であった。当時は、スエズ運河が開通していなかったため陸路となり、船旅と合わせて、横浜からパリは3か月の行程となった。栄一27歳だった。

この使節団《しせつだん》は、パリ万博はもちろんの事、スイスの時計製造所やオランダの鉄砲製造所、軍艦製造所、ダイヤモンド加工所、ベルギーの軍事施設、製鉄所、イギリスの新聞社の印刷、紙幣製造現場など、当時、最先端だった施設を積極的に回っている。これが、後の栄一に与えた影響は測りしれない。

しかし慶応3（1867）年10月、日本では大政奉還《たいせいほうかん》が起こり、翌年から戊辰戦争《ぼしんせんそう》が起こる。日本がこのような状態だったので、使節団への日本からの送金は停滞していた。栄一は節約すると同時に、資金を増やすことも考える。栄一は旅費の一部を使い、フランス公債《こうさい》と鉄道債券《てつどうさいけん》を購入した。これが、偶然、大当たりする。この大儲けが、後の栄一に大きな影響を及ぼす。この時、相場が下落していたら、栄一の債券や株に対する印象は大きく変わっていただろう。また、栄一が公債や債券に詳しかったかというと、「不思議に、おもしろいように儲かる」といっていることから、甚《はなは》だ疑問である。

そんな栄一の留学生活だが、思わぬところで最後を迎える。慶喜、昭武の兄である水戸藩藩主、徳川慶篤《よしあつ》の死去だ。昭武は、水戸藩の跡継ぎであるため、泣く泣く帰路に付かなければならない。この時、結局、栄一たちは、1年8か月をヨーロッパで過ごしている。栄一28歳だった。

大隈重信に説得されて新政府入り

帰国した栄一は、新政府に媚《こ》びて仕官するつもりも、慶喜のいる駿府藩《すんぷはん》に厄介《やっかい》になるつもりもなかった。駿府にいる慶喜に昭武からの書状を届けると、駿府藩からの誘いを断り、バンク（銀行）の設立を目指す。明治2（1869）年、栄一は政府が各藩に貸与した石高拝借金という債権をもとにして、藩や市民の資本もあわせることで、現在の銀行と同じような金融商社「商法会所《しょうほうかいしょ》」を静岡に設立した。後に「常平倉《じょうへいそう》」と名を改めたこのバンクは、「公的な利益を達成するために、人材や資本を集めて事業を起こすべきである」という栄一の考えを表している。

ところが、忙しくしていた栄一に新政府から、大政官《だいじょうかん》に出仕せよという趣旨《しゅし》の手紙が届いた。だが、新政府は、旧幕臣にとっては仇敵《きゆうてき》に当たるし、栄一はそもそも、旧幕府にもお世話になるつもりがない。栄一は、静岡（駿府）でやるべきことがたくさんあるので辞退する、と断った。だが、当時、権限を握っていた大隈重信の巧《たく》みな弁舌《べんぜつ》に説得され、とうとう当時大蔵省《おおくらしょう》と合併状態にあった民部省《みんぶしょう》に入ることとなった。

民部省に入るにあたり、栄一はそれぞれの部署から人材を募《つの》り、改正案を募る改正掛《かいせいがかり》というものをつくった。これが当たり、重さや長さを測るための単位を尺からメートルに直す度《ど》量衡《りょうこう》や、納税方法、鉄道に関することなど、様々な分野における改正案が出た。民部省は、それらをかなり早いスピードで改革しようとしたため、他省からは文句の嵐だった。栄一29歳のことである。

幕末あたりから、ヨーロッパ各国では、蚕《かいこ》の病気が蔓延《まんえん》し、生糸の生産が滞《とどこお》っていた。そこに目を付けた当時の総理大臣・伊藤博文は、国策《こくさく》として生糸の生産を実施する。それが富岡製糸場である。国家の肝いりとして始まった製糸場は、スタッフを主にフランスの外国人が固めた。工場の建設は、栄一の強い要望から、栄一の師である尾高惇忠に初代工場長として頼むことにした。

しかし、富岡製糸場が運営を開始するまでは、数々の困難があった。まず、外国人、とくにフランス人への偏見《へんけん》が強かった。これには、宿舎の提供やら、食事の提供やら、ありとあらゆることに手を焼いた。そのほかにも、木材の調達には近隣住民が「天狗《てんぐ》が怒る」と反対した。栄一と尾高は、一人ひとりの住民に、頭を下げ、粘り強く説得して回った。レンガも、なんとか近くで焼くことには成功したが、それをくっつけるセメントがない。結局、漆《しっ》喰《くい》の技術を当てることにした。

最も困難を極めたのは、女工《じょこう》のことである。当時の日本人は外国人がワインを飲んでいるところを見ては、「生き血をすすっている」などといって、偏見を強めていた。これでは娘を働きに出してくれる親はいない。栄一は、仕方がないので、いとこにあたる惇忠の娘ゆうを呼び寄せ、工女第一号として働かせた。そうすることで1人、2人と増えていき、結局、多い時は400人を超える工女が働き、世界有数の工場となっていった。

この製糸場は、国営だったため、採算性《さいさんせい》を度外視して運営された。栄一は、最初は仕方がないところはあるものの、国営のままだと採算意識が乏しい、と思っていた。その後、富岡製糸場は民間に払い下げられ、運営されることとなった。結果、効率がよくなり、生産技術も向上した。

財政をめぐり、大久保利通と対立

栄一は日本を発展させるためには、財政の健全化が必要だと考えた。そこで静岡で一度成功しているバンクの考えを全国的に実践しようと考えた。アメリカに渡っていた伊藤博文《いとうひろぶみ》の帰国を待って、明治維新の功労者である西郷隆盛、大久保利通、木戸孝允《きどたかよし》、大隈重信、伊藤博文、井上馨《かおる》らが集まって会合を開くなかに、栄一の姿もあった。

西郷らは廃藩置県《はいはんちけん》こそが肝であり、このときの武士の反乱などを恐れたが、栄一や井上馨などは各藩が流布《るふ》させていた藩札の引き換えの方が重要とにらんでいた。藩札が交換できないと思われても、逆に高値で交換できると思われても、一揆《いっき》が起こってしまう。結局、廃藩置県の後、すぐに藩札と新紙幣の交換するという案にまとまったが、西郷たちの懸念《けねん》した反乱も、栄一たちが恐れた一揆も起きずに終わった。

当時、民部省から分かれた大蔵省のトップは大久保利通であったが、栄一は大久保とそりがあわなかった。たとえば、大久保は、陸軍省の歳費《さいひ》を800万円、海軍省の歳費を250万円と大ざっぱに決めたが、栄一は、「歳入《さいにゅう》の計画が立っていないのに陸海軍の経費を認めるのは横暴《おうぼう》だ」とそれを跳ね返した。大久保がさらに「陸海軍がどうなっても構わないというのか」というと「財政上の理由からそうお答えしたまで」といって役所に辞表を出した。結局、井上馨がとりなし、事なきを得たのだが、大久保らが海外視察に出ている間に歳入総額を見てみると400万円だとわかった。このほかにも、井上と栄一は各省に財政上の締め付けを行ったが、各省からの反発はすさまじかった。

明治4（1871）年、大久保を含む岩倉使節団がヨーロッパに出発すると、国内の政治は、西郷隆盛、江藤新平、三条実美《さんじょうさねとみ》などが主導したが、政府の勝手気ままな予算請求は止まらなかった。外務卿《がいむきょう》の副島種臣《そえじまたねおみ》が台湾征討《たいわんせいとう》の建議をしたときは、栄一は「今の疲弊《ひへい》している日本を見れば海外で戦《いくさ》をするなど危険千万《きけんせんばん》」と一蹴《いっしゅう》している。また、井上馨と江藤新平の仲も悪く、江藤は井上を各省に節約ばかりを押し付ける卑怯《ひきょう》な奴と公然と口にする。栄一は井上とは喧嘩をしつつも、合意をとりながらことを進めていた。

明治5（1872）年、司法省、文部省が予算の大幅増額を要求すると、大蔵省は断ったものの、政府がそれを受けてしまう。井上は腹を立てて、辞意を表明するも受け入れられず、いったんは保留した。しかし、翌年、江藤新平は、強引な予算請求を行い、さらには尾《お》去沢鉱山《さりざわこうざん》払下げ事件で井上を糾弾する。ついに、井上はやめることを決断する。井上から

「あとはよろしく頼む」といわれていた栄一だが、井上より先にさんざん辞意を示していたところを井上に止められていた栄一がそれをよしとするわけはなく、一緒に辞めることとなった。政府の財政に関する批判をまとめていた栄一は、井上と連名でこれを新聞に掲載した。怒った江藤は政府の秘密を漏洩《ろうえい》した罪で罰金を2人に科したが、2人とも平然としたものだった。栄一33歳だった。

第一国立銀行の頭取になる

明治6(1873)年、この年、第一国立銀行が開設された。栄一が野に下ったとの知らせを受けた銀行首脳は、栄一に頭取《とうどり》になるよう要請する。栄一はこれを拒否するが総監役《そうかんやく》という頭取を監督する役職をつくり就任した。栄一は、「銀行は大きな川」という認識を持っていた。大きな川は水滴を一滴一滴集める。同じように銀行も蔵にたまっているお金を一滴一滴集め、それで工業や商業、農業や貿易を発展させるのだ。

銀行の運営は、最初は順調だったが、外部要因が邪魔をした。まず、明治7(1874)

年、江藤新平が佐賀の乱を起こす。そして、旧士族《きゅうしぞく》の不満のはけ口としての台湾出兵、その前年の凶作によるコメの高騰《こうとう》と物価高と、栄一たちの銀行にとって逆風となることが次々と起こった。さらに、三井組とともに銀行の大株主であった小野組が倒産する。小野組は集まってきた公金を無利子で使うことができ、製糸業、製糸貿易、鉱山経営まで手を広げていた。

なんとかこれを食い止めた栄一は同じ過ちを繰り返さないために銀行の改革に動き出す。栄一は、自ら頭取となり舵《かじ》を取った。そして、支店数の削減、行員整理などを行った一方で、東北の人口が少ないところにも支店や出張所を出した。こうして銀行は徐々に認知され、明治12（1879）年には150以上を数えていく。

栄一が次に手をかけたのは鉄道である。ヨーロッパに行っていたころ、各地で乗車した体験を持っていた栄一は、鉄道が世の中を発展させることを知っていたのだ。ちょうどこのころ、華族《かぞく》となった各地の大名たちが、栄一に新規事業の相談に来た。多くの資産を投じなければいけない鉄道は、彼らにピッタリの事業であった。同時に、栄一は、日本初の保険会社「東京海上保険」も設立した。どちらの事業もインフレとデフレを繰り返す日本経済に翻弄《ほんろう》されながらも、経済の成長を背景に軌道に乗っていった。

栄一が鉄道とともに注目していたのが海運業である。そのころ、日本は米の運搬を外国の汽船《きせん》に任せていた。まだ税が支払われていたころである。明治5（1872）年、栄一は、郵便《ゆうびんじょうき》蒸 気船会社《せんがいしゃ》を設立した。ところが、ここで大きなライバルと出会うことになる。それが三菱《みつびし》グループを経営していた岩崎弥太郎《いわさきやたろう》である。

岩崎と栄一とは、事業に対する考え方は異なっていた。栄一が40歳の時、岩崎から向島《むこうじま》の料亭に呼ばれ手を組まないか、といわれる。しかし、栄一はこれを拒否する。岩崎は、全ての事業を一社で独占することが利益を最大化するというもので、生産から流通まで、広い範囲で事業を抑えていた。それに対し、栄一は、広くお金を集め、常に複数の企業に参画させ、利益をシェアしたほうが、全体的に儲かるというものである。この日を境に、岩崎は栄一を敵視するようになる。

当時、岩崎は海運業に目を付け、三菱汽船を設立し、西南戦争などの軍事輸送で莫大《ばくだい》な利益を上げていた。栄一は政府の力を借りながら、共同運輸会社によって、これに対抗した。政府もまた、三菱の1社独占を運賃高騰《こうとう》などの理由から快く思っていなかったのだ。三菱汽船もこれに対抗し、儲け度外視の安売り競争になってしまった。

政府の西郷従道《つぐみち》が、見るに見かねて仲裁に入り、両社に合併の話を持ちかける。この調停の最中に、合併に一番反対だった岩崎弥太郎が倒れ、亡くなってしまった。後を継いだ弟の弥之助《やのすけ》は、合併に前向きだったものの、今度は栄一が反対した。岩崎の態度に堪忍袋《かんにんぶくろ》の緒《お》が切れたからだ。結局、紆余曲折《うよきょくせつ》あったが、西郷の粘り強い説得のすえ、栄一が折れて合併し、日本郵船ができることとなった。

この事業は「人々の生活を豊かにするか」

政府が明治11（1878）年に株式取引所条例を制定すると、栄一は東京証券取引所《とうきょうしょうけんとりひきじょ》を兜町《かぶとちょう》に開業させ、第一国立銀行の株式が上場する。栄一には商工業をもって日本の発展を成し遂げようという志があった。そのためには、商工業者の地位と品位を上げる必要があった。そこで、栄一は東京商法会議所《とうきょうしょうほうかいぎじょ》を成立し、初代会頭《かいとう》となる。ちなみに副会頭には、渋沢と同時に政府を辞め三井物産の社長を務めていた益田孝《ますだたかし》がついた。益田は後の日本経済新聞を創刊する。商法会議所は以降、全国に広がり、栄一も明治38（1905）年まで会頭を務める。

栄一が事業を立ち上げる際の基準は「人々の生活を豊かにするか」ということである。このころ、栄一は、東京電力、東京瓦斯《とうきようがす》などをつぎつぎと立ち上げる。当然、水道事業も手がけている。栄一は東京市の参事会員に選ばれていた。当時、日本にも水道管を製造できる鋳鉄《ちゆうてつ》会社があり、水道管は純国産で賄《まかな》うべきだとする風潮が蔓延《まんえん》していた。

だが、栄一は輸入品を使うことを決めた。国産品は、見本はよいのだが量産すると見劣ることを知っていたからだ。栄一はこれにより「袖《そで》の下《した》を受け取っている売国奴《ばいこくど》」などと罵《ののし》られ、ついには暴漢に襲われる大騒動になってしまう。このようのことがあっても、栄一は信念を曲げようとはしなかった。ちなみにこの数年後、東京市は国産の水道管を採用するのだが、いたるところでヒビ割れが生じ、輸入品に変更するため多くの経費を要している。栄一47歳のころである。

栄一は北海道の開拓にもかかわっている。とくにビールの出荷には熱心で、開拓使麦酒《かいたくしビール》醸造所《じようぞうしよ》のころから経営に携わっていた。この会社は後に札幌麦酒《さつぽろビール》となり、現在のアサヒビール、サッポロビールとなっている。北海道での金融関連では、明治33年（1900）年の北海道拓殖銀行の設立にも携わっている。この銀行は、平成9（1997）年に経営破綻するまで北海道の農業、商業、工業、畜産などを支え続けた。

栄一は海外からの要人をもてなすため、井上馨らと協力して帝国ホテルの建設にも携わっている。明治26（1893）年には、海外からの貴賓《きひん》をもてなすための組織である貴賓会を、大正元（1912）年にはジャパン・ツーリスト・ビューローも設立している。これは、のちの日本交通公社《にほんこうつうこうしゃ》、現在のJTBであり、海外からの旅行客誘致だけでなく、国内の日本各地への旅行も取り扱い盛況《せいきょう》だった。

晩年の栄一と社会貢献

明治23（1890）年に栄一は、50歳で貴族院議員《きぞくいんぎいん》になる。これは大変名誉なことだった。しかし、栄一は一年で辞任する。当時の総理大臣山縣有朋《やまがたありとも》をはじめ、旧知の間柄の者が多かったが、そこに身を置くことを良しとしなかったのだ。同じように、明治34（1901）年、井上馨が総理大臣に推された際に「渋沢が大蔵大臣をやるのだったら受ける」と条件を出したが、栄一はこれを断っている。なお、栄一が大蔵大臣をやらなかったがために、総理大臣をやらなかった井上馨は、「もしも、総理大臣になって失敗していたら、晩節《ばんせつ》を汚すところだった」と述べ、栄一のために宴を催している。

その後もかずかずの会社の取締役をやったり、立ちあげの発起人となったり、出資などをした栄一は、飛鳥山《あすかやま》（東京都北区）の曖依村荘《あいいそんそう》などで、かずかずの外国人とも交流をしている。また、海外にも積極的に出かけている。とくにアメリカは生涯4度訪れていた。明治42（1909）年には、51名による渡米実業団《とべいじつぎょうだん》が結成され、古稀《こき》を控えた栄一はその団長となる。ここで栄一は、アメリカ人を「他人に対する遠慮が少なく、自分の意志を平気で表明する。そのあたりは無作法にとれることもある」としながらも、「気質で大胆、すごぶる学問を重んじる」と評価している。栄一はアメリカを、「鉱山であれ、森林であれ、国力が盛んであり、それを利用して盛んに開発をしている」と評し、日本にも教育が必要との認識を高めている。

また、栄一の事業は国内だけでなく、韓国にも広がっていった。明治11（1878）年には第一銀行韓国支店、農業改良を目的とした韓国興行、京釜《けいふ》鉄道や韓国の生活ラインであるガスを開通した日韓《にっかん》瓦斯などつぎつぎに会社をつくった。第一銀行が韓国で発行した1円札、5円札、10円札には、頭取である栄一の肖像画が描かれていた。

渡米した明治42年、69歳を機に栄一は、第一銀行などのいくつかの銀行と、東京瓦斯、東京石川島造船所、帝国ホテル、磐城炭鉱《いわきたんこう》、浅野《あさの》セメント、大阪紡績《おおさかぼうせき》、東洋硝子《とうようがらす》など、60社ほどの取締役等を務めていた会社を辞任する。その後は社会事業や公共事業を中心に、社会のための活動に軸足を移した。

大正12（1923）年9月1日午前11時58分、マグニチュード7・9の地震が関東地方を襲った。関東大震災だった。83歳の栄一は震災の3日後、後藤新平内閣総理大臣に呼び出され、罹災者《りさいしゃ》の救援、救護活動を要請される。栄一は、収容や炊き出し施設の設置、情報案内の掲示板、臨時の病院などを素早く作り、被災者たちの支援を行った。また、栄一は大震災善後会を結成し寄付金を集めている。

晩年の栄一は、実業界以外の改革にも積極的に携わった。東京高等商業学校を大学に昇格させ、現在の一橋大学への基礎をつくったり、栄一の『論語』の師である三島中洲《みしまちゅうしゅう》が二松学舎《にしょうがくしゃ》をつくるのを助けたりしている。その他にも、かずかずの病院や生活困窮者や孤児が集まる東京養育院《とうきょうよういくいん》など600近い団体の設立に貢献した。

昭和2（1927）年、栄一は日本国際児童親善会をつくり会長に就く。これは、アメリカの子供たちから日本の子供たちに親善人形を贈って両国の親善を図ろうというもので、もともとは、アメリカの排日移民法を緩和する狙いがあった。３月３日のひな祭りには、日本青年館で親善人形の歓迎会が開催され、１６００人の子供たち、宮家、文部大臣、外務大臣、アメリカ大使なども参加した。栄一はそこで、人形の贈られた意味と意義を語った。これらの人形は後に「青い目の人形」といわれている。

このような一連の活動が評価され、大正15（１９２６）年とその翌年、栄一はノーベル平和賞候補にもなっている。

昭和６（１９３１）年、栄一は腸閉塞を起こし、手術の後には肺炎を引き起こしてしまう。多くの見舞客に対し、「今度は再起が難しいと思われます。たとえ私は死にましても、魂は皆様の御事業を守護いたします」といいつつ、91歳の生涯を閉じた。戒名は「泰徳院殿仁智義（譲）青淵大居士」であった。

次より、渋沢が現代の経営に残したメソッドを、10条に分けてある。渋沢の著作（言葉）と、彼が人生の指針として「貫き通す」とまでいった『論語』の言葉から考えていこう。現代の日本人が忘れてしまった経営の基礎を我々はきっと思い出すだろう。

第❶条 やりたいことを明確に描く

徳川昭武に随行した折、フランスで撮影された27、8歳の渋沢（『渋沢栄一伝記資料』別巻第10,p.29,「渋沢栄一フォトグラフ」より）

己を知る

立志の要は、よくおのれを知り、身のほどを考え、それに応じて適当なる方針を決定する以外にないのである。奇矯《ききょう》にはしらず、中庸《ちゅうよう》を失せず、常に穏健なる志操を保持して進まれん。（『論語と算盤』）

何かことをなそうという時は、自分自身をよく分析して、その能力や程度を踏まえながら、それに応じて適切なことをしていくしかない。いきなり激しく動いたり、過度に偏《かたよ》ったり、行き過ぎることなく足りないことなく、穏やかに確実に進んでいくのだ。

まず、自分を知ることから始めよう。自分の事は良く知っていると思っても、いざ自分自身の特徴を列挙せよ、といわれると、たいていの人はなかなか書き出せなかったり、筆が止まったりする。

自分の棚卸《たなおろし》をして、自分を知るところから始めよう。

あなたの強み、弱みなどの「あなたの特徴」、今持っているお金や、道具、機械、お金以外財産などの有形資産、蓄積してきた実績・ノウハウ、資格や権利、信用、ネットワーク、所属、属性などの「無形資産」を丁寧に書き出してみるのだ。

有形資産は、目に見える資産のため、ある程度は把握しているかもしれない。でも、書き出してみることで何がどのくらいあるのかがわかる。そして、それらを有効に活用してるかと問われれば、活用できていないものが多いものだ。

自分の特徴や無形資産は、意外とわかっていないものだ。世の中で一番でなくてもよい。ただ、好きというだけでもよいのだ。一人で考えるよりも、友だちに聞くほうがわかることもある。また、うすうすはわかっていても、普段は意識していないものもたくさんある。無理やりにでも引き出して、なんとか活用できないかと考えるのだ。

ただし決して、その特徴で、一気に好転させようとか、問題を解決しようと考えてはならない。自分の特徴を把握しながら、着実に穏やかに毎日を努力して確実に進むようにしていれば、その時は結果が出なくても、いつか必ず成果として見出せる。

渋沢栄一はこう考えた

渋沢は徳川慶喜に仕官するとき、何をすべきかを考える前に、今の自分が置かれた状況を考えた。今の自分では、尊王攘夷、開国と無作為に唱えても、何も起こせない。それであれば、今、自分自身ができることを一生懸命に取り組もうとしたのだ。

渋沢は、自分の能力の分析から始めた。やがて、自分は元商人なので、商売をすることと、人を誘うことが得意だということを理解した。

まず、渋沢は、関東人選御用掛という関東にいる優秀な人物を探し当てる任務に就く。最初は、江戸を探したが、そのほとんどは天狗党に参加してしまったとのことだった。そこで、地道に一橋家の領地を回ったり、漢学塾や剣術道場を訪ねたりして、一人ひとりを口説いて回った。次に勘定組頭《かんじょうくみがしら》に採用され、集めた年貢米の販売手法を変えたり、特産品の白木綿《しろもめん》や硝石《といし》を商品化したりして、一橋家の収入を上げていった。

渋沢には困ったら原点に戻り、己を知るところからスタートする癖があった。

自分の棚卸をやってみましょう。

あなたの特徴	強み	弱み
有形資産	現金・借入	現金以外の財産
無形資産	実績・キャリア	資格・人脈

人のために行動する

できるだけ多くの人に、できるだけ多くの幸福を与えるように行動するのが、我々企業家の責任である。我も富み、人も富み、しかして国家の進歩発達をたすくる富にして、はじめて真正の富と言い得る。

（『論語と算盤』）

できるだけ多くの人にできるだけ多くの幸福を与えられるように行動することが、私たち企業家の責任だ。自分も豊かになり、人々も富んで、最終的に国家を進歩させてこそ、初めて本当の富といえるのだ。

どのような事業でも、自分たちだけでは存続しえない。お客様がいて、ビジネスパートナーがいて、経営環境があるから存続しえるのである。もしかしたらライバルも、事業が成立するためには必要な存在なのかもしれない。だから、「全ての事業は、社会によって生かされている」といえる。

自分の欲望を満たそうとしても、その力には限界がある。それに、欲望がある程度満たされれば、それ以上頑張ろう、とする気力は出しづらい。しかし、人のために、社会のためにと、自分以外の誰かのために動こうとすれば、際限なき大きな力が出るものだ。「誰かのために、これを成し遂げる」と考えるようにするのだ。その力やモチベーションは、きっと大きな力になるだろう。

全ての事業や企業は、社会の一員であり、我々の市場は社会の中にある。自分たちだけでなく、お客様はもちろん、周囲や社会も良くなる、「三方良し」の考え方を持つことが肝心なのだ。「一番は社会が富む事業、そして我が富み、相手も富む。これぞ真の事業なり」

渋沢は、常に社会の利を考え続けた。最終的に社会に役立つ事業こそ、自分たちを裕福にすることを、その生涯をもって実践したのだ。

渋沢栄一はこう考えた

90歳になった年、渋沢は長年の苦労と老衰のため、風邪で寝込んでいた。そこに全国方面委員（後の民生委員）と社会事業家ら20名ほどが訪ねてきた。主治医が断りを入れるなか、渋沢はどうしてもとねだる彼らに会うことになる。

要件は「寒さと飢えに苦しむ人々が20万人もいるのに政府の救援法が施工されていない。なんとか渋沢の力で法の適用を速やかに行ってほしい」という陳情であった。

渋沢は「この老いぼれがどれだけお役に立つかわかりませんが、できるだけのことはいたしましょう」と承諾し、その場で大臣に電話をして面会を申し入れた。

大臣は、渋沢の体調を気にして向こうから訪ねましょうといってくれたが、渋沢は「こちらがお願いすることだから」といって渋沢が出向くことになった。

心配する全国方面委員や社会事業家に、渋沢は「こんな老いぼれが養生しているのはこういう時に役に立ちたいからです。これがもとで死んでも20万人が助かるのなら本望じゃありませんか」と答えている。「人のために行動する」とは、時に自分の都合や体調がよくないときにも、意を決して動く必要がある。90歳で病身の渋沢が断っても悪くいう者はないだろう。そこをあえて行動する姿勢が、人々の共感や感動を呼ぶのだ。

あなたの事業は多くの人を巻き込みますか？

どうすればもっと多くの人に利益を与えることができますか？

理念とビジョンを明確にする

夢なき者は理想なし 理想なき者は信念なし 信念なき者は計画なし 計画なき者は実行なし 実行なき者は成果なし 成果なき者は幸福なし ゆえに幸福を求むる者は夢なかるべからず。（『夢七訓』）

夢がない者には理想がない。理想がない者には信念がない。信念がない者には計画がない。計画がない者には実行がない。実行ない者には成果がない。成果なき者には幸福がない。それゆえに、幸福になりたい者は夢を持たなくてはならないのだ。

経営者になると、多くのことを成しとげることができる。金銭面や時間面においても、自由や大きな権限を持ち、人や社会に与える影響も大きくなる。だからこそ、自分たちがやりたいことは何か（経営理念、目的）、どうなりたいのか（ビジョン）、そのために、何をなすべきか（ミッション）を明確にすることが大切なのだ。

そして、それらを自ら周囲に熱く語り、共有しよう。そうすることで、何のためにその組織が存在しているのか、なぜこの業務をしなければならないのかが明確となる。行くべき方向が明確になり、業務がスムーズにいく。

そうすることで、組織がひとつにまとまりやすくなったり、他からの協力も得やすくなったりするものなのだ。

理念やビジョンは、経営の柱だ。中央に大きな柱があることで、経営戦略、戦術、行動計画までもが立てやすくなる。また理念やビジョンは、自分にとっても社員やメンバーにとっても、心のホームタウンになる。

経営者には、自信がない時もあるだろう。落ち込んだり、迷ったりすることもあるかもしれない。そのような時は、理念、ミッション、ビジョンを思い出すことで、モチベーションを取り戻したり、自らを承認して自信が持てたりするのだ。

渋沢栄一はこう考えた

渋沢には事業をするときに、決めていたことがある。それが、「目的のための根底には、道徳が必要であり、経済と道徳を両立させること」だ。そして、それを実現するために、「道理が正しいか？」「時運に適しているか？」「人の和を得ているか？」「己の分にふさわしいか？」を常に問うた。

これは渋沢の信念であり、渋沢の会社における理念の基礎となっていった。

実際に渋沢の創った会社は、たんに金儲けの会社ではなく、根底には「道徳経済合一説」がある。つまり、道徳と金儲けの両面がそろってはじめて、長く続く、人の役に立つ会社となる、というもの。これは、渋沢が財閥を創らなかった理由のひとつだ。

このように、渋沢は自分の理念に合致しない事業には決して投資せず、自分の理念に合致した事業には、少し甘い計画だろうと挑戦を進めるところがあった。これは、渋沢の会社設立の信念であり、最後まで揺らぐことはなかった。

渋沢の言葉に沿うならば、夢→理想→信念→計画→実行→成果→幸福の順で人は成功者になれるという。夢と理想が「理念」、信念が「ビジョン」だろうか？　たしかにここまでが明確でない計画は、本来意味をなさないだろう。

あなたは、なぜ、今、この事業をやろうとしているのですか？

事業をやるうえで、協力してくれる人はいますか？

この事業をあなたがやる理由は何ですか？

全てに責任を持つ

多数の力で少数のものを圧倒するは、これほど容易なことはない。またこれほど残酷のことはない。（『論語と算盤』）

多数の意見をもって、少数の意見をなきものにすることは、これほど簡単で残酷なことなのだ（なんでも多数決で決めればよいという安易な考えこそ、悔い改めていかなければならない）。

全てのことに責任を持つ覚悟をするのだ。事業全体に責任を持つことができるのは、経営者だけだ。あなたと一緒にまたは代わりにあなたの仕事を引き受ける者が出てきても、その責任はあなたにある。自分自身、顧客、ステークホルダー、そして社会全体に対して、自分の事業に関する全てのことに責任を持つこと。そのために、経営者には多くの権限が認められているのだ。

他人のせいにせず、言い訳もせず、何が起ころうが自分の責任だ、と思うことで、見えてくるものもあるはずだ。それに、常に物事から逃げない姿勢は、他人からの信用を得るだろう。

多数決は、経営者の責任放棄だ。意思決定を多数決にゆだね、責任逃れをすることはたやすい。これは従業員の総意である、これは取締役会の決定事項だ、といって判断を誤ってしまっては元も子もない。経営者は、多数の意見を参考にしながらも、最終的には自分で意思決定するものだ。

また、多数決は、大多数の議決をもって、少数派の意見を黙殺することにもなる。経営者は、少数側に立って物事を考えるくらいでちょうどいい。腹を決めよう。その迫力が経営を成功に導く。

渋沢栄一はこう考えた

明治42（1909）年、渋沢がかつて取締役をやっていた大日本製糖において、官営化を目指すための議員の買収、損失隠しの不正経理などが発覚した。

同社は同業他社の買収や台湾工場の設置などで大きくなったのだが、政府から砂糖の増税案が出たあたりからおかしくなっていた。この事案では、役員約20名が辞任、当時社長を務めていた酒匂常明《さこうつねあきら》が自殺した。

渋沢はもちろん不正には関与していない。それどころか、善後策のために奔走し、株主総会で新社長を指名して問題解決にのりだす。そして最後には、「不明の罪を免れ得ない」と強く反省の弁を述べて、同時に役員も辞任している。

もちろん、不祥事は起きる前に手を打つのが肝心であるが、起きたことをなかったことにはできない。起きたらすぐに責任を持って対処し、その後、自らも責任を取る。渋沢らしい責任の取り方である。

ギリギリの経営判断の場では、全責任をもって覚悟の決断と行動が必要だ。「経営者はつねに孤独だ」といわれるゆえんである。

あなたは、全ての責任を負う覚悟はできていますか？

あなたは多数決で物事を決めようとしていませんか？

◈ 渋沢栄一略年譜①（出生〜20代）

年号	西暦	満年齢	人生のできごと	歴史上のできごと
天保11年	1840	0	2月13日、武蔵国榛沢郡血洗島村（現・埼玉県深谷市）に生まれる。	アヘン戦争勃発。
12年	1841			幕府の天保の改革がはじまる。
弘化3年	1846	7	従兄・尾高惇忠を師として漢籍を学ぶ。	
嘉永6年	1853	13	家業の畑作、養蚕、藍葉の買入、藍玉の製造販売に打ち込む。	ペリー来航。
安政3年	1856	16	御用金納付の件で父の名代として陣屋に出頭、封建社会に疑問を持つ。	
5年	1858	18	尾高惇忠の妹であり、従妹の尾高千代（18歳）と結婚。	日米修好通商条約締結。安政の大獄。
万延元年	1860			桜田門外の変で、大老・井伊直弼暗殺。
文久元年	1861	21	江戸に出て、海保漁村塾、千葉栄次郎道場に通う。	
3年	1863	23	高崎城乗っ取り、横浜焼き討ちを計画するが中止し、京都に出奔。	8月18日の政変で尊攘派公卿らが京都追放。
元治元年	1864	24	平岡円四郎の推挙により、一橋家に仕える。	禁門の変。第1次長州征伐起こる。
2年	1865	25	一橋家の関東人選御用掛、次いで歩兵取立御用掛を命ぜられる。	第2次長州征伐起こる。
慶応2年	1866	26	一橋慶喜が徳川宗家を相続し、栄一は幕臣になる。	徳川慶喜、第15代将軍に就任。
3年	1867	27	将軍名代の徳川昭武に従って渡欧、パリ万国博覧会などを視察する。	大政奉還。王政復古の大号令。
明治元年	1868	28	明治維新によりフランスより帰国。駿府藩の勘定組頭を辞退する。	鳥羽・伏見の戦いで戊辰戦争始まる。
2年	1869	29	静岡に「商法会所」設立。その後、新政府に招かれ、民部省に出仕。	戊辰戦争終結。版籍奉還。東京遷都。

第❷条 独創的なビジネスモデルを持つ

大蔵省出仕時代の30代前半の渋沢（『渋沢栄一伝記資料』別巻第10,p.44,「渋沢栄一フォトグラフ」より）

「付加価値」と「差別化」を明確にする

自分の長所とするところ、短所とするところを精細に比較考察し、その最も長ずるところに向かって志を定めると良い。長所はこれを発揮するに努力すれば、短所は自然に消滅する。（『論語と算盤』）

自分の長所、短所をよく分析しなさい。そして、その最も長所だと思うところで勝負しなさい。得意を活かすように努力することで、不思議なことに、苦手なところは出ないものである。

ビジネスには、「付加価値」と「差別化」が最も重要である。

付加価値とは、そのビジネスがもたらす価値のことで、お客様はもちろんのこと、事業主、周囲（地域、社会、業界等）の三方の価値の合計が最大化する「三方よし」の事業を考える。

差別化とは、特長のこと。絶対的差別化である「機能」、相対的差別化である「品質」、見た目と感覚やブランド面での差別化である「デザイン」の三方から考える。まずは、「ある」「なし」で完全に差別化が分かる機能での差別化を狙おう。

しかし、とくに中小企業においては、機能的差別化要因を打ち出すことは難しい。そこで、ほとんどの中小企業は相対的差別化を打ち出す。相手より自分の方が「より」うまいとか、「より」品質がよいとか、「より」安いとかだ。だが、相対的差別化は、消費者の感性がものをいう。だから、差をつけるには、感性では変動しないような「相当の格差」が必要なのである。だから、品質は重要だが、品質以外の差別化が必要となる。

そこで、登場するのが「デザイン」である。デザインとは、まず「見た目」だ。商品、およびパッケージがよいものは確かに売れるだろう。だが、それだけではない。「これはいいものだ」「これはおいしいものだ」といった「感覚」をお客様に持たせることが肝心である。その代表格がブランドなのだ。大企業が莫大なお金を使って作るブランドもそうだが、地域の惣菜屋《そうざいや》がコツコツ作った「あの店のコロッケはうまい」という評判もその店のブランドだ。

付加価値と差別化を備えた事業軸は、自分の長所（強み）から考えるようにするのだ。得意分野だけでなく、趣味や考え方、過去の経験などが思わず役に立つことが多くある。長所を活用できれば、自然と短所は目立たなくなる。渋沢は短気で頑固という短所が、とくに青年期にあった。だが、頑固なだけに信用ができることと、他を圧倒するような実務能力もあった。渋沢は、これを知っていて、実務だったら渋沢といった地位を打ち立てていった。このように、長所の活用で、短所は目立たなくなるものだ。

渋沢栄一はこう考えた

晩年、渋沢のところには多くの投資話が来ていた。その際、渋沢が投資をするか否かの判断基準に使ったのが、理念と収益性だ。

渋沢は、事業の話が来ると必ず、その事業のお客様は誰か、ということを考えた。お客様が明確に見えない事業は早期に頓挫《とんざ》する。そして、そのお客様がどのように喜ぶのかを考えたのだ。そして、お客様のためになるとわかったら、次に、事業主にためになるのか、世の中の発展に寄与するのか、を考えた。この三方が喜ぶ事業が、付加価値のある事業である。

次に、その事業が既存の事業に比べ特徴があるのか、を検討した。新たな事業は、既存の事業に比べ、何らかの特徴を持たなくてはならない。最新鋭の設備を使ったり、最先端の組織構造を持っていたり、今までと違って大規模に展開したりしているか、すなわち「差別化」を検討した。

渋沢のもとに持ち込まれた事業は、渋沢の専門ではない事業も多数あった。だが、渋沢は、まず、この二つの基軸を持ち、全ての案件を見ていたのである。

あなたが考える事業において、
それぞれの付加価値を考えてください。

① あなた

② お客様

③ 社会（地域、業界、周囲など）

自分の土俵で勝負する

朽木《きゅうぼく》は雕《え》るべからず、糞土《ふんど》の牆《へい》は杇《ぬ》るべからず（『論語』公冶長《こうやちょう》篇）

腐った木は彫っても無駄だ。（同じように）腐った塀は塗っても無駄である。

経営と賭けごとは違う。賭けごとが、最終的には運に身を任せることであるのに対し、経営は成功すべくして成功するようにするように仕向けるのだ。決して運任せなどではない。

そのためには、できる限り自分の土俵で勝負するようにする。自分の得意分野や、自分の能力が発揮しやすい土俵はどこかを見定め、有利な土俵で戦い、不利な土俵では戦いを回避するようにするのだ。渋沢は議論をするときに、必ず自分の得意な分野で議論を深めるようにしていた。知らない分野に話が進むと、自分の得意な分野での話に持っていった。まさに、自分の土俵を持っていたのだ。

とくに、創業直後やまだ会社が小さい時は、戦う部分と戦わない部分を見極めることが大切だ。資産が乏しかったり、人材が不足したりするからである。自分が持っている資産や人材と相手が持っているものとを見極め、それが劣っている時は、戦う分野を見極める。同じ分野や同じ市場であっても、切り口や見せ方を変えて小さく切り抜くのだ。

また、自分の得意な部分にスポットを当てれば、より有利な土俵を創り出せることもある。冒頭の言葉は、孔子が高弟の宰予《さいよ》が昼寝しているのを嘆いたものだ。経営者はいつも自社（自分）の得意分野を考え、磨いておく必要がある。

渋沢栄一はこう考えた

渋沢の幼青年期に多大な影響を与えた尾高惇忠。彼の人生から、渋沢はありとあらゆることを学ぶが、そのなかでも一番大きかったのが「自分の土俵で勝負する」ということだ。

渋沢が、明治5（1872）年に初めて手がけた富岡製糸場は、土地勘が活かされている。煉瓦《れんが》は出身地の深谷で生産しているし、運搬も、当時の鉄道情勢から深谷駅経由している。なにより、土地勘があるということと、地元なので、人も集めやすいということだったのであろう。

実際は、外国人に対する偏見が強く「彼らの下で働くと生き血が吸われる」などのうわさが飛び交い、働き手が見つからなかった。しかたなく、渋沢たちは、工場長をお願いした師の尾高の娘ゆうに働いてもらい、ようやく工女を増やすことができていった。こういった手が使えたことも、地元であったことが大きい。

渋沢は、その後も、必ず、自分の土俵で勝負することを忘れなかった。翌年に34歳で大蔵省を退官して以降、政治の世界から距離を置き続けたのは、そのこともあったと思われる。

あなたの土俵はどこですか？
ここに持ち込めば勝てるといえる得意な部分はどこですか？

常に自分の得意な部分で勝負していますか？

利益を生む「しくみ」をつくる

真の成功とは、「道理に欠けず、正義に外れず、国家社会を利益するとともに、自己も富貴に至る」ものでなくてはならぬ。（『青淵百話』）

本当の成功とは、道理を守り、正しいことをして、国家を繁栄させると同時に、自分自身も儲かるものでなければいけない。

ビジネスモデルとは、利益を生むしくみだ。経営者の役割は、ビジネスモデルを創り、それを運用しながら、より大きく、よりよいものにしていくことである。その際、道理に外れたり、正しい道を踏み外したりしてはいけないが、その結果、事業が成功し、経営者が豊かになってもよいのだ。

儲けは悪だ、という人もいるが、利益を得ること自体は悪ではない。稼いだ利益の使い方の問題だ。

時代とともに、お客様のニーズやウォンツ、外部環境はどんどん変化していく。ちょっと前まで爆発的に売れていたものが売れない、少し前に大ヒットしたものが全く売れなくなってしまう、ちょっと前まで持てはやされていたものが今は見向きもされない、などということがたくさんある。

ビジネスモデルも、それにあわせて再構築していかなければならない。もちろん、全く新しい商品を、新たなお客様へ販売できればいいが、そうでなくとも、商品をネット販売用に変えたり、素材を変えたり、売る場所を変えたりして、なんとか今のニーズやウォンツにあわせるのだ。そのように「変化」させているうちに、新たなチャンスをつかめるかもしれない。

渋沢栄一はこう考えた

渋沢は、事業が成り立つには利益の生む「しくみ」が必要だと考えた。極端にいうと、究極のしくみとは努力しなくともお金が入ってくることである。たとえば、魚屋であれば、店先で店主が一生懸命「いらっしゃい、いらっしゃい」と声がけしなくとも、自然とお客様が来てくれる理由があり、買う理由を持つということだ。さらに、費用を抑えるしくみがあり、結果的に、利益を出すしくみが成り立つ。

「しくみ」とは、その売上や利益が出続けるのか、ということでもある。たとえば、渋沢が水道事業に携わっていた時のこと、多くの国産水道管のメーカーが、うちの水道管を使ってくれと営業してきた。渋沢は、国産の水道管は、サンプルはよいが量産すると質が下がるとし、輸入品を使うといった。これに対して、国産業者の反発もひどく、最後は暴漢に襲われるなど、渋沢の身に危険も及んだ。

結局、東京市の判断で国産品が入れられるのだが、いたるところでひびが入り、水漏れが起こってしまった。東京市は、これらの水道管を交換するため、多大な経費を計上した。まさにこれは、利益の出るしくみがない事例だ。

渋沢は、事業にこの「しくみ」の存在を見極め事業を判断していた。

あなたは、「利益を生むしくみ」を持っていますか？

その事業に明確なビジネスモデルはありますか？

ビジネスモデル全体から考える

やり得た仕事を大切に守って、間違いなくやって出るというよりも、更に大に計画もし、発展もして、盛んに世界列強と競争しなければならぬのである。（『青淵百話』）

既存の仕事だけを大切に守って間違いなくやるよりも、もっと大きなことを計画し、発展させて、おおいに世界と競争しなければならないのである。

ビジネスモデルとは、「商品」と「販売」、それを裏付けする「資産」からなる。そして商品は、「商品自体」とその調達方法や生産方法などの「調達生産」、販売価格と回収方法からなる「課金モデル」からなる。販売は、誰に売るか、すなわち「ターゲット」と、どこで売るかという「チャネル」、どうやって売るのかという「販売促進」から成立する。資産は、カネとカネで買った「有形資産」、カネでは買えない信用、ネットワークなどの「無形資産」、そしてそれらを活用する人や組織の「ヒト」からなる。

これら「商品（自体）」「調達生産」「課金モデル」「ターゲット」「チャネル」「販売促進」「有形資産」「無形資産」「ヒト」がバランスよく、有機的に絡みあって、有効なビジネスモデルができるのだ。

ビジネスモデルは、あって当然と思われ、普段あまり意識している人は少ないのかもしれないが、実はビジネスの根幹であり、きちんと意識しなければならないものである。そのため、「儲けるしくみ」などといわれている。

また、ビジネスモデルがなければ、全員がいちいち「何をすれば良いか」考えながら行動しなければならない。会社がそうならないのは、完ぺきではないもののビジネスモデルが存在するからである。私たちはビジネスモデルをもっと理解し、全体的にバランスがとれるように見直していかなければならないのだ。

渋沢栄一はこう考えた

渋沢は、ビジネスモデル全体から事業を見直す天才である。

ある日、札幌麦酒（サッポロビール、アサヒビールの前身）で賃金問題が起こった。普通は、労働問題なのだから、人事とか組織の問題と捉えるのだが、渋沢は広く、「これは企業全体の問題である」とし、ビジネスモデル全体から見直すべきであると考えた。

それから、同社では、人事はもちろん、商品の品質やラインナップ、商品の価格、原材料、製造工程、販売先、販売工程や方法、設備や労働環境にいたるまで見直しを行っている。結果、札幌麦酒の賃金を上げることに成功した。

どんな小さなことでも何か起きれば原因は必ず存在している。ビジネスにおいて、その原因はビジネスモデル全体のどこかにある。このことを渋沢は片時も忘れなかった。

そのような積み重ねが、事業を継続する秘訣なのである。

あなたのビジネスモデルを書いてみましょう

① 主な商品は何ですか？ その商品の特徴は何ですか？

② その商品はどのように作られていますか？ 作り方に特徴はありませんか？

③ それはいくらで売られていますか？ 価格に特徴はありませんか？

④ その商品は誰に売っていますか？ お客様に特徴はありませんか？

⑤ その商品はどこで売っていますか？ どういう商流・物流ですか？

⑥ その商品を売るためにどのような販売促進をしていますか？

⑦ 持っている有形資産は何ですか？ これからどのような有形資産が必要ですか？

⑧ 持っている無形資産は何ですか？ これからどのような無形資産が必要ですか？

⑨ どのような人間が何人必要ですか？
それらをまとめるために、どのような制度が必要ですか？

第❸条 学び続ける

大礼服姿の60歳の渋沢（『渋沢栄一伝記資料』別巻第10,p.97,「渋沢栄一フォトグラフ」より）

最新の良質な知識で武装する

性《せい》、相《あい》近し、習えば、相遠し。（『論語』陽貨《ようか》篇）

人間生まれた時はみな一緒である。しかし、そこからの努力によって差が生まれるのだ。

経営者自身の能力や経歴は、経営の成否における決定的要因ではない。現在の知識、学歴や資格、これまでの経歴などによる多少の有利不利はあっても、これからの努力次第で成功は勝ち取れる。逆に、知識不足や素人だからこそ、考えたりできたりすることもある。

誰もが最初は初心者である。経験不足を知識で補うのだ。経営において知識は、重要な武器だ。百戦錬磨《ひゃくせんれんま》の先輩経営者に立ち向かうために、最新の良質な知識で武装しよう。実行前に十分な知識を得ることはもちろんのこと、実行しながらも学び続け、進化させていくことが重要だ。

経営学は選択肢と確率の学問だ。事例などを学ぶことで、選択肢や様々な視点が手に入る。そして、「これはセオリー」「これは成功事例が少ない」など、その成功確率を学ぶことができる。

経営において、たった一つの正解は存在しない。学ぶことで、視野を広げ、より多くの視点から、より多くの選択肢を考えることができる。そして確率を参考に、意思決定や優先順位を付けるのだ。

経営者は、できるだけ多くの選択肢を持ち、知識や経験から得た確率を参考に、自ら意思決定し、実行し、結果を出すのが仕事だ。

渋沢栄一はこう考えた

徳川昭武が徳川慶喜の名代としてパリ万博に行ったとき、渋沢も付き添いで一行の一員に選ばれている。渋沢は、見聞きするもの全てを吸収しようと、貪欲な姿勢で臨んだ。

3か月の航海を経てパリに着くと、庶務会計業務をしながら、空いた時間は、同僚2、3人とともにフランス語教師を呼んで、フランス語を学び、1か月でマスターした。

その後、パリ万博だけでなく、パリの凱旋門、競馬場、動植物園、病院、劇場、ノートルダム寺院などを回り、世界各国から集まる蒸気機関、紡績機、医療機器、測量機などの世界最先端の技術も学んだ。

パリ万博終了後、スイスの時計製造所、オランダの鉄砲製造所、軍艦製造所、ダイヤモンド加工所、ベルギーの軍事施設、製鉄所、イギリス新聞社の印刷工場、イングランド銀行の貨幣、紙幣製造現場などをめぐり、渋沢は、その役割や成り立ちなどをこと細かに聞いて回っている。その姿は、まるで興味を持った子供のようであった。

渋沢のこういった姿勢が、後の日本の大きな発展につながったのはいうまでもない。

あなたはどんなことを学んできましたか？

これからどんなことを学び続けますか？

広く学ぶ

これを知るをこれを知ると為し、知らざるを知らずと為す。是れ知るなり。（『論語』為政《いせい》篇）

何事も学んで、自分が何を知らないのかを知ることこそ、学問をやったといえるのだ。

経営は総合力勝負だ。専門的な分野を深く学ぶことはもちろんだが、それ以外の分野についても広く学ぼう。

事業をすべて自分でできるようにする必要はないが、少しでも知ったり、経験したりすることで、その難易度や重要性などを感覚的につかむことができる。それに、専門分野以外から着想することで新たなアイデアが出ることも多いし、コミュニケーションをとるうえでも様々な分野の知識が必要となる。

厄介なことでも、学ぶ機会と捉えることが肝心だ。インプットの量、質、幅を増やし、人間力を上げていくようにしよう。自分が知らなかったからこそ、知っているつもりになっていることも多い。学べば学ぶほど、自分がいかに無知だったのか、現在でも無知なのかを知ることだろう。

学ぶことに制限はない。事業開始まではもちろん、開始後も常に学び続けることが肝心なのだ。また、新たな経験をすることも、新たなことを学ぶよい機会となる。人生に無駄なことなどない。

たとえ現在、不遇だとしても、くだらない仕事をしていると思っても、何かをそこから摑《つか》むのだ。そこから、また学びの道が開ける。

渋沢栄一はこう考えた

渋沢の学びは、産業だけに留まらなかった。たとえば競馬のシステムを学び、日本の競馬の発展に寄与した。病院では、治療方法だけでなく、医療機器や保険体制などにも興味を持っている。それらは、渋沢の専門分野ではなかったが、帰国後にその経験は、競馬や医療の発展に寄与している。

また、偶然ではあるが、徳川昭武使節団が徳川幕府からの送金が停滞した時には、渋沢はフランス公債と鉄道債券を買っている。価格があまり上がらなかったら話は別だが、これがたまたまよい時期に当たり、大きく上がった。

渋沢は公債と債券に好印象を持った。これが後のバンク構想に活かされている。

渋沢はこのほかにも、いち早く背広を着たり、夜の街に行ったり、気球に乗ったり、トーストとコーヒーの朝ご飯をとったりしていた。当時は、勉強しているといった認識ではなかったが、渋沢は楽しみながら、新しい知識を広く学び、その知識や経験を日本に持ち帰ったのだ。

当時の渋沢は、28～29歳である。若くしてスタートアップに挑戦する20代の起業家には、自らの好奇心のままに貪欲に新知識を吸収する若き渋沢に学んでほしい。

あなたの事業に必要な知識は何ですか？

それ以外で何を学びますか？

学んで実行し、実行しては学ぶ

学んで思わざれば則ち罔《くら》し。思うて学ばざれば則ち殆《あや》うし（『論語』為政篇）

学んでいるだけで、それを実行しないことは危険なことだ。また。実行したことを、後で思い返したり、調べたりしないことは、それもまた危険なことだ。

何かを学んだら必ず行動するようにしよう。学ぶだけで行動しないことは、もったいないことだ。行動することで、本質的にわかることもある。机上の空論を回避するのだ。また、実行することは、記憶の定着にもよい。実行する時間がない時は、学んだことやその感想を書き出したり、人に話したりするだけでもよい。

行動することで成果が上がる。成果が上がれば意欲も向上することだろう。試す機会を多く持てることが経営者の特権だ。行動することで、検証もできるし、知識が実践で使えるノウハウにもなる。

逆に、経験したり、気が付いたりしたことを、できるだけ学問に照らし合わせるようにしよう。同じようなことが学問の事例や法則にないかを調べたり、学問の理論に合致しないかと考えてみたりするのだ。行動や経験の裏付けや根拠が明確になり、ノウハウや知識として定着する。

時間がない時であっても、振り返りの時間を持つことが肝心だ。風呂や布団のなかなど、一日のちょっとした時間に、その日起こったこと、行動したこと、学んだことを振り返ってみよう。

何か学びにつながることもあるし、かけがえのない自信にもつながる。

渋沢栄一はこう考えた

渋沢は、学んだことをすぐに実行する行動力があった。パリ留学から帰国した渋沢は、すぐにバンクの設立に取りかかる。当時、新政府は太政官札《だじょうかんさつ》という紙幣を流通させるべく、これでお金を貸していた。

そこで、渋沢は、この太政官札と藩や士民のお金を資本とし、商品を抵当とした現金貸付、定期預金の受付、事業に対する資金貸与などを行う、いわゆる「バンク」を設立した。

これは、地元の殖産興業を図るとともに、駿府藩の財政の立て直しも目的としている。後に、この考え方は「合本法」と呼ばれることになる。これは「合本主義」として、のちの株式会社とも違い、「公益を追求するという使命や目的を達成するのに最も適した人材と資本を集め、事業を推進させるという考え方」（渋沢栄一記念財団ＨＰ）を意味するといいます。

この構想を実現するにあたり、全てがうまくいったというわけではない。いや、うまくいかないことのほうが多かった。しかし、渋沢たちは、実行を優先し、走りながら考えた。また、実行してみてうまくいかないところがあれば、学び返していたのだ。

学んだことを実践していますか？

経験したことを学び返していますか？

習慣化する

習慣は唯一人の身体にのみ付随しているものでなく、他人に感染するもので、ややもすれば人は他人の習慣を模倣《もほう》したがる。（『論語と算盤』）

習慣とは、ある人物個人の財産として終わるものではなく、人に移るものである。何かにつけて、人間は他人の習慣を真似てみたくなるものだ。

習慣となるまで続けよう。習慣は、考えなくとも、やろうとしなくとも、自然とやってしまうことだ。習慣となれば、努力しなくても続けられるので強い。

最初は負荷が小さなものでも、やり続けることが肝心だ。時間を決めて行うなど定期的にやり続けよう。

学ぶことは、多くの人にとって、苦痛になるかもしれない。時には嫌いなことや苦手なことも学ばなければならないだろう。学ぶことを習慣化するのだ。簡単なことから始めてもよいが、定期的に長期間続けてルーティーンにしていく。最初は辛かったとしても、やっているうちに、だんだん苦痛が和らぎ、最後は全くなくなることさえある。学ばないと違和感を覚えるようになることもある。

長期間にわたり、学び続けることのメリットは計り知れない。たとえ、一回の量が小さくとも、それが積もり積もれば、とてつもなく大きなものとなる。常に成長し続ける者が一番強いのだ。

そして、その習慣は、自分自身を変えることはもちろん、集団をも変えるのだ。習慣は伝《でん》播《ぱ》する。たった一人の習慣が、つぎつぎと人から人に伝わり、最終的に全体が大きく変わっていくのだ。

渋沢栄一はこう考えた

渋沢は、「資本家と労働者は主人と家来の関係ではなく、平等な人格の基礎の上に立っている」との考えを持っていた。だが、一部の資本家たちは、労働者を低い賃金で働かせ、貧富の差は次第に大きくなっていった。渋沢は既存権益を脅《おびや》かす「敵」とみなされ、多くの迫害にあうことになる。

明治25（1892）年12月には、馬車で外出した際に二人の暴漢の襲撃を受けた。馬車馬の足を傷つけられた程度ですんだが、「自ら省みてもいささかやましいところもない」と平然と述懐していた。52歳のころである。

このように、渋沢は何度迫害や嫌がらせを受けても、考えを変えなかった。それどころか、ますます、彼のこの信念はゆがむことがなかった。つまり信念が習慣化していたにほかならない。

すると、最初は敵視していても、しだいに渋沢の考えに理解を示す者が出てきた。そして、この考え方は、徐々に広がり、現在まで続いている。

渋沢は、いったんこうと決めたら貫き通す強い意志があった。強く思い続け、実践していくことで、しだいに周りのみんなに伝染してゆくのだ。

あなたは何を、習慣としていますか？

これからどんなことを習慣となるまでやりますか？

◆ 渋沢栄一略年譜②（30代）

年号	西暦	満年齢	人生のできごと	歴史上のできごと
明治3年	1870	30	大蔵少丞となる。官営富岡製糸場設置の事務主任となる。	平民に姓の使用が許可される。
4年	1871	31	大蔵省紙幣頭となる。栄一が現した『立会略則』が大蔵省より刊行。	廃藩置県。岩倉遣欧使節団を派遣。
5年	1872	32	正五位に叙され、大蔵少輔事務取扱となる。抄紙会社設立出願。	新橋～横浜間に鉄道開通。
6年	1873	33	抄紙会社創立（のち王子製紙株式会社）。大蔵省を致仕する。 第一国立銀行創立し、総監役に就任。	徴兵令。 地租改正で全国的な土地と租税の制度確立。
7年	1874	34	東京府知事より東京会議所共有金取締を嘱託される。	板垣退助ら「民撰議院設立建白」を提出。 江藤新平、佐賀の乱を起こす。台湾出兵。
8年	1875	35	第一国立銀行（のち株式会社第一銀行）の頭取となる。 商法講習所（現在の一橋大学の源流）の創立を支援。	
9年	1876	36	東京会議所会頭。前年設立した東京市養育院事務長となる。	
10年	1877	37	在京の銀行団体である「択善会」を創立。	西南戦争。
11年	1878	38	民間の経済団体である「東京商法会議所」を創立し、会頭となる。	大久保利通、暗殺される。 東京株式取引所、開業。
12年	1879	39	北豊島郡西ケ原村（東京都北区西ケ原）に別荘（飛鳥山邸）を構える。 養育院の院長となる（以後、死去するまで在職）。	琉球藩を廃止し、沖縄県を設置（琉球処分）。

第❹条 お金の流れをつかむ

古稀を機に関係会社、団体から身を引いた70歳の渋沢（『渋沢栄一伝記資料』別巻第10,p.113,「渋沢栄一フォトグラフ」より）

決算書を使いこなす

その人、その国の生存上最も必要なるは実業である。この実業の力を強くするのが、すなわち国の富を強くする所以《ゆえん》である。(『渋沢栄一訓言集』)

個人にとっても国にとっても、最も重要なのは実業である。この実業の力を強くすることが、ゆくゆくは国家を強くするのだ。

経営を人体にたとえると、お金は血液だ。絶対量が足りなくなったり、循環が止まったりしてしまったら、人は生きてはいられない。同じように企業も、「お金の流れ」がとても大切だ。お金の絶対量が足りなかったら存続できないし、お金の循環がなくなったら、企業も生きてはいけない。

病気の診断に、脈を調べたり、血液検査をしたりするうえで血液が使われるように、企業もお金の流れを把握することで、ほとんどの初期診断ができる。お金の流れを把握するには決算書の読み込みが最適だ。

決算書は決して難解なものではない。決算書は、難しい経営を少しでもやりやすくするために、簡潔にお金の流れを把握できるようにした「ツール（道具）」だ。経営者にとっては重要な、よい友だちなのだ。仲良くし、頼りにしよう。

決算書の中身は財務3表といわれる。そのうち、キャッシュフロー計算書は、お金が今いくらあるのかが書いてあるだけだから、お小遣い帳と大差ない。書いてある文字を覚えるだけで済む。問題は、残りの2表だ。残りの2表は貸借対照表と損益計算書だ。

お金はこの2表に流れている。この2表は別々に存在しない。必ず、貸借対照表を右に、損益計算書を左に並べて一緒に見よう。

渋沢栄一はこう考えた

渋沢は、金の流れから企業の様子を見ていた。仕入れがどうなっていて、どういう商品が、どういった効率で生産されているか。その商品が、いくらでどこへ、どのように売れていくのか。どこで、どのように販売しているのか。それに対してどんな設備を、誰が、どのように使っているのか。原価や人件費など直接経費はいくらか。いくら金を持っていて、いくら借金をしているのか、などである。

しかし、渋沢は、数字だけを見てすべて把握したことにはしなかった。必ず、現場を見にいっていたのだ。理由は3つある。1つ目は、現場の風を大事にしていたのである。渋沢は会社には道徳が大事との信念がある。その道徳が本当に浸透しているのか、それを働き手が楽しく受け取っているかを見ていた。2つ目は、経営陣の資質である。報告した内容と現実に齟齬《そご》がないかを確かめるためだ。3つ目は、経理の正確性である。不正経理、間違った経理が行われていないか、どのような考え方で経理を行っているのかを確かめにいったのだ。経理は上手にやっているようでも、悪い経理をしていれば必ずその芽が出るものだ。その芽を渋沢は、直感的にも見逃さなかった。

決算書を読むこと、現場を視察することは、渋沢の企業把握に欠かせないものだった。

決算書：２表にお金が流れている

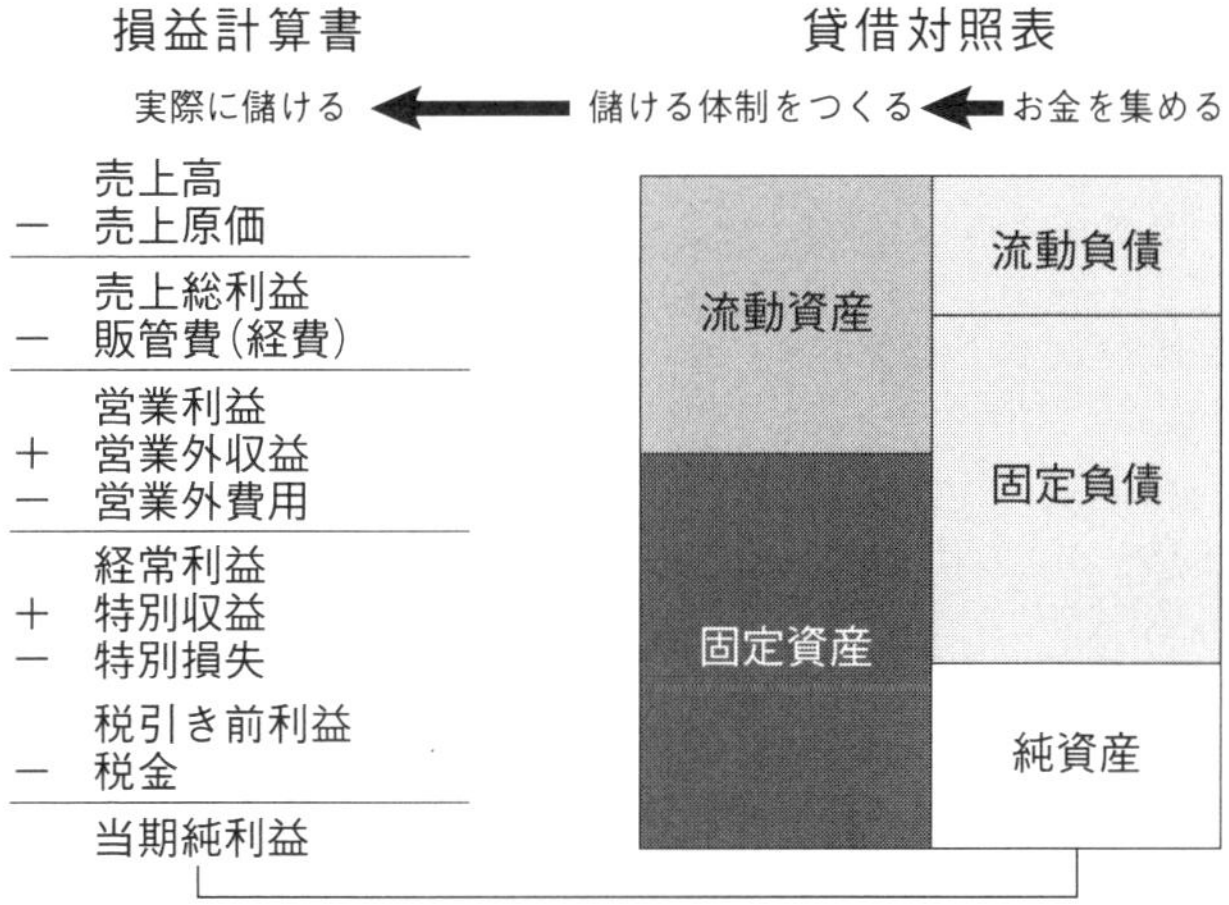

最低限チェックするポイント(太字は特に重要なもの)

損益計算書

①売上高　＊傾向、中身

②売上原価の中身

③売上総利益率　＊傾向

④経費(販管費)
売上対販管費率

⑤人件費　＊労働分配率

⑥減価償却費　＊傾向

⑦営業利益
＊傾向　＊売上高対営業利益率

⑧付加価値額
(営業利益＋人件費＋減価償却費)

⑨利息(営業外費用)

⑩当期純利益

貸借対照表

①純資産

②流動比率
＊在庫(商品、原料、仕掛品)、売掛金に注意

③現預金高の把握

④金融機関借入金の量
＊返済傾向

⑤固定資産の中身
＊活用度合い
減価償却の進み具合

あなたの会社の決算書を3期分用意して見てみましょう。

【貸借対照表】

① 純資産はいくらありますか？　資本金よりもプラスですか？　債務超過ではありませんか？　傾向はどうですか（増加傾向、おおむね横ばい、減少傾向）？

② 流動負債に比べ、流動資産が大きくなっていますか？　＊小さかったら、キャッシュフローは減少傾向です（資金繰りが必要かも）。

③ 流動資産で現金化できないものは含まれていませんか（商品・仕掛品・原材料在庫、回収できない売掛金）？

④ 現預金残高、金融機関借入残高を把握していますか？　その増減（キャッシュフロー）を把握していますか？

⑤ 固定資産（何があるのか？　減価償却の進み具合、活用度）を把握していますか？

【損益計算書】

① 売上高、売上総利益率（高）、営業利益、当期純利益の傾向はどうですか（増加傾向、おおむね横ばい、減少傾向）？
② 売上高の内訳がどうなっているか、だいたい説明できますか？
③ どんな項目が売上原価に含まれるのかを把握していますか？
④ 販管費で、数字が大きく変わった項目に注目していますか？　そうなった原因を把握していますか？
⑤ 人件費を把握していますか？　労働分配率を意識していますか？
⑥ 減価償却費を意識していますか？
⑦ 有利子負債の利息を把握していますか？

利益を意識する

無欲は怠慢《たいまん》の基《もと》である。個人が富まんと欲する非《あら》ずして、如何《いか》でか国家の富を得べき、国家を富まし自己も栄達せんと欲すればこそ、人々が、日夜勉励《べんれい》するのである。（『論語と算盤』）

欲がないということは怠慢に等しい。自分が豊かになろうとせずに、どうして国が豊かになろうか。国家も豊かにしようとして、さらに自分自身も栄えようとすればこそ、人びとは毎日努力するのである。

健全に利益を得ることは決して悪いことではない。利益を得られるということはお客様に評価されているということなのだ。利益を得ることで、経営を存続させることができる。利益によって自身や組織のモチベーションも大きく上がる。さらに再投資をすれば、事業を拡大させることもできる。税金や雇用拡大などで社会に貢献できるし、利益を出し続けることで信用を得ることもできるだろう。

利益を意識しながら経営するようにしよう。経営における目的の一つは利益を得ることだ。利益を上げることがすべてではないが、利益を上げることから逃げてはならない。「収益－費用＝利益」だから、利益を増やすには、「収益（売上）をあげる」か「費用（原価、経費）を下げる」しかない。今までと同じことを、ただただ一生懸命やっていたのでは、大きな売上の向上は見込めないだろう。

費用は、原価と経費に分かれる。原価は、ほとんどが売上と比例関係にあるため、単純に原価を下げようとすると、売上も下がってしまう。経費は必要経費もあるし、小規模企業はそもそも絶対額が大きくないため、経費削減は、あまり大きな効果は見込めない。

結局、利益を上げるには、今までと同じベクトルで進むのではなく、新たな取り組みを行い、それをきっかけに、経営のベクトルを変えるような「イノベーション」を起こすしかない。イノベーションを起こして、売上または、売上総利益率（粗利益率）を、大幅に伸ばすことを考えるのだ。

渋沢栄一はこう考えた

渋沢は、「事業には道徳が必要」としながらも、一方で「利益が出なければ事業とはいえない」といっている。これは、「利益が出れば、何でもよい」ということではない。「道徳を守りながら、利益を出さなければならない」ということだ。利益を出さない、出せない事業は、必要であれば非営利事業でやればよい（渋沢は600以上の非営利団体も創っている）。

さらに、利益を出すことの嫌悪感をなくすことにも貢献した。当時は、現代以上に儲けを出すことに対する嫌悪感があった。儲けることは、お客様からの略奪行為だと考える風潮もあった。渋沢は、その意見に真っ向反対した。「儲けようと努力することはよいことだ」とし、続けて「ただし、道徳を守ったうえであれば」とした。当時、これを、はっきりと口に出して述べる経営者はあまりいなかっただけに、渋沢が、正々堂々と口にすることに意義があった。

利益を増やすには、①売上を上げる、②粗利益率を上げる、③経費を下げる。この３つの方法しかありません

① 売上を上げるために何をしますか？

② 粗利益率を上げるために何をしますか？

③ 経費を下げるために何をしますか？

あなたは利益を上げることを意識していますか？
そのために何をしていますか？

無形資産とヒトの蓄積を心がける

限りある資産を頼りにするよりも、限りない資本を活用する心掛けが肝要である。限りない資本を活用する資格は信用である。（『論語と算盤』）

お金やモノといった資源は限りある資源だ。それよりも、人材、ノウハウ、技など、使っても減らないものを活用すべきである。それらの大本は信用だ。

お金や機械、建物などの設備など、有形資産は、どんなにあったとしても、使ったり古くなったりしてしまえば、資産価値が少なくなったり、なくなったりする。だから、資産があることは素晴らしいのだけれど、有限の資産なのだ。

しかし、信用、知識、ノウハウ、技術、ネットワーク、実績などの無形資産は、使ってもなくならないし、古くもならない。むしろ、健全に使えば使うほど、大きくなるのだ。

たとえば、信用を正しく用いて事業を運用すれば、大きくなって返ってくる。また、信用があれば、金融機関などからお金を調達することができるし、そのお金で設備をそろえることもできる。したがって、有形資産も大事だが、むしろ無形資産を蓄積するように心がけることが肝心だ。

ビジネスにおいても、十分な利益を得られない時もあるだろう。そのような時は、信用、ネットワーク、ノウハウ、実績などの無形資産や、自分や従業員の能力の育成、雇用、経験などの人的資産の蓄積を意識して行動したり、その事業を受けるか受けないかを判断したりするのだ。

もちろん、それだけで長くは続けられないが、必ず、次の事業展開への足がかりとして必要となるだろう。

渋沢栄一はこう考えた

常に時間を大切にし、合理的な行動をとるようにしていた渋沢だが、例外もあった。渋沢の飛鳥山の邸宅には、家族のほかに書生も数人住んでいた。そして毎日のように多くの人たち、なかには面識のない者も大勢訪ねてきた。

渋沢は毎朝、基本的には紹介状などなくても、誰にでも会っていた。事業や商売の相談ばかりでなく、個人的な相談を持ち込む者もいた。こうした一人ひとりに対して渋沢は助言をした。

これは有形資産の蓄積、とりわけ現金の蓄積ではない。売上になるどころか、たまには、だまされるとわかっていても、お金を少額渡してしまうこともあり、むしろマイナスだ。

しかし、無形資産、とりわけ信用やネットワークの蓄積、信用、人の相談にのるという技術においては、大きく蓄積する。そういう渋沢の態度を見て、渋沢のもとで働きたいという者がでれば、ヒトにも大きく貢献したであろう。

渋沢は、基本的には効率を重視する考え方だったが、この朝誰にでも会うことだけは、時間が許す限り、続けていたという。

あなたのビジネスではお金（利益）以外に、
どのような無形資産を得ることができますか

得られた無形資産から、
どのようなビジネス展開が考えられますか？

良いお金の使い方をする

お金はそれ自身に善悪を判断する力はない。善人がこれを持てば善くなる。悪人がこれを持てば悪くなる。（『論語と算盤』）

そもそもお金自体には、良いも悪いもない。良い人がお金を活用すれば良いお金となる。悪人がお金を活用すれば悪用する。

お金は、それ自体に良い悪いはない。持つ人、使う人、使い方次第である。

経営者は、自分のお金と会社（事業）のお金を明確に分けることが肝心だ。会社を良くするために使うのであれば経費だが、自分のために使うのであれば自分の財布からお金を出すことが原則だ。

設備投資も同じだ。明確な目的のために使うのであれば良いが、基本的に、現在および未来にわたって、必要なもの以外に使ってはならない。

どうしても、現金が手元にあるほうが有利なので、入金は早く、支払いは遅く、が原則である。ただし、相手の都合もあるので、過度にそれを行うことは、相手の感情を逆なでする。だから回収条件は、切り札として使うこと。

たとえば、どうしても値引きをしなくてはならない時は、現金で即日決済するとか、逆に相手方に値引きをお願いしても通らない時には、支払いを遅らせるなどの要求を通すなどする交渉力が経営者には求められる。

ただし、税金と社会保険料の支払いは滞納しないように心がけること。

現金が不足すると経営にならない。金融機関からの借入はいつでもできるようにしておくこと。借入は経営にとっては武器となる。

渋沢栄一はこう考えた

1868（明治元）年、パリから帰国した渋沢の悲願はバンク設立であった。

あるとき東京で、故郷から訪ねてきた父の市郎右衛門と会った。父は「お前が金に困っているなら不憫《ふびん》だと思い少しだが用意してきた」とお金を差し出す。すると栄一は、「これはそちらで取っておいてくれ」と差し出された金を戻した。「フランスでは倹約に務め蓄えもあるから大丈夫だ」と告げたが、本当はのどから手が出るほど欲しかった。

後に渋沢は、「あの時、お金を無心していたら、そして、その金をバンク設立の足しにしていれば、どんなに楽だったかわからない。でも、自分にも意地がある。事業は、自分が用立てた金で行うべきだ」と述べている。

このように渋沢は、事業に用いる金は、事業用に集めた金と、政府支出金だけで、人の生活費には自分の資金も含めて手を付けなかった。

フランスで撮影された渋沢（『渋沢栄一伝記資料』別巻第10,p.33,「渋沢栄一フォトグラフ」より）

あなたは、会社(事業)のお金と自分(生活)のお金を明確に分けていますか？

明確な目的のない設備投資(買い物)をしていませんか？

税金と社会保険料の滞納には気を付けていますか？

常に、金融機関からの借入ができるようにしていますか？

◆ 渋沢栄一略年譜③（40代）

年号	西暦	満年齢	人生のできごと	歴史上のできごと
明治13年	1880	40	博愛社（のち日本赤十字社）社員になる。	
14年	1881	41	東京大学より文学部の「日本財政論」講師を嘱託される。	明治14年の政変で大隈重信ら参議を罷免。
15年	1882	42	妻・千代が42歳で死去する。	日本銀行条例制定。日本銀行営業開始。
16年	1883	43	大阪紡績会社（のち東洋紡績株式会社）相談役となる。 日本発の電力会社・東京電燈会社を創立する。 江戸の豪商の娘で、芸妓の伊藤兼子（かね子）と再婚。	鹿鳴館開館式。
17年	1884	44	日本最初の私設鉄道会社である日本鉄道会社の理事委員になる。	華族令制定。 「松方デフレ」により不況が深刻化する。
18年	1885	45	日本郵船会社（のち日本郵船株式会社）を創立。 東京瓦斯会社（のち東京瓦斯株式会社）を創立し、委員長に就任。	太政官制度を廃止、内閣制度が設置される。
19年	1886	46	栄一の理念に共鳴した経済人を中心とする「竜門社」創立。	帝国大学令公布。
20年	1887	47	日本煉瓦製造会社（のち日本煉瓦製造株式会社）を創立する。 東京ホテル（のち帝国ホテル）を創立し、理事長になる。	
21年	1888	48	発起人総代として札幌麦酒会社を創立（のちに取締役会長）。 東京女学館の開校に尽力する（のちに館長）。	
22年	1889	49	石川島造船所（のち石川島播磨重工業株式会社）を創立する。	大日本帝国憲法公布。

第5条 計画性を持つ

明治天皇大喪参列の渋沢夫妻（『渋沢栄一伝記資料』別巻第10,p.115,「渋沢栄一フォトグラフ」より）

仮説・実行・検証・ノウハウ化

世のいわゆる成功は必ずしも成功ではなく、世のいわゆる失敗は必ずしも失敗ではない。（『論語と算盤』）

世の中の成功と呼べるものが、必ずしも成功ではない場合がある。同じように、必ずしも失敗は失敗ではない場合がある。

経営の基本は、仮説・実行・検証・ノウハウ化のサイクルである。自分の考えを計画・仮説出しして、実際に行ってみて、検証することで、ノウハウ化する。そして、そのノウハウを次の仮説に活かす。

これらがグルグルと回ることで、そこから利益が出てくる。その利益は、設備投資の源泉となる。つまり、有形資産を整えるのだ。人を雇うためのお金にもなる。それだけではない。人を育てることもできるし、マネジメントの有効な場にもなるだろう。つまり、人的資産を育てているのだ。

さらに、このサイクルがきちんと回っていけば、信用を得ることも可能だし、ネットワークの構築もできるかもしれない。経験も積むこともできるだろう。つまり、無形資産が蓄積されていくのだ。

この回転から生み出された有形資産、人的資産、無形資産を再投資していくことで、このサイクルはどんどん大きくなる。このサイクルを「スパイラルアップ」という。らせん状に企業活動が向上していくことをいう。

このスパイラルアップを目指す経営を大きくしていくことになる。

渋沢が第一国立銀行の総監督をしていたころ、三井組とともに第一国立銀行の大株主であった小野組が倒産してしまう。ただでさえ、三井組と小野組は派閥争いが激化していて、渋沢がそのたびに調整に入った。それに加え、為替方となっていた小野組は、集約してきたお金を無金利で運用していた。小野組は、各地に製糸工場を設立し、東北では鉱山経営もし始めていたのだ。

そのような時に、政府は為替方をしていた組に、取扱金額の3分の1を担保として提出させようとした。比較的堅実な経営をしていた三井組は何とかクリアしたのだが、小野組は資金繰りがつかずに経営破綻した。渋沢はすぐ動き、小野組が持っていた銀行の株券や鉱山や建物を提供させ、損害を最小限に食い止め改革に着手した。

まず、総監督を廃止し、頭取役をトップとして、この職に就いた。そして、身の丈《たけ》にあった経営を行うため、減資、支店数の削減、行員の整理などを行った。また、大蔵省官金出納事務取扱を停止し、政府の公金を取り扱うことをやめて危機を乗り切った。

「失敗は必ずしも失敗ではない」という渋沢の言葉は、4つのサイクルでつねに現実を見ていたからだろう。

あなたは一時の成功に浮かれていませんか？

あなたは一回の失敗に落ち込んでいませんか？

計画に根拠を持つ

常に多くの葉を摘まんと思えば、その枝を繁茂《はんも》させなければならない。その枝を繁茂させようと思えば、その根を培養《ばいよう》せねばならない。

（『論語と算盤』）

いつも大きな成果（葉）を上げようと思うならば、その枝を反映させなければならない。枝を反映させようと思うならば、この根幹である根を培養しなければならない。

根拠のある計画を立てよう。経営は100％成功する法則はないから、結果はやってみなければわからない。

しかし、理論的に考え、根拠のある計画であれば、本気で実行してみたり、周囲の協力を得やすかったりするから、成功する確率は上がる。それに、失敗したとしても、どこが間違ったか仮説を立てやすくなるので、次に成功しやすくなったり、選択肢が減るぶん、成功確率が上がったりする。

逆に、根拠のない計画は、ずさんになりがちで、成功確率も低い。終わってから検証ができないのでノウハウの蓄積もおぼつかないのだ。

根拠がない場合でも、何かその所以となるものを持っておくことが肝心だ。それは後から強引に付けたものであることもあるだろう。それでも、自分自身や人は、その根拠を頼りに計画を実行する。結果、成功することもあるのだ。

計画は定性面（言葉）と定量面（数字）の両面から考えるようにしよう。定性で立てた計画を定量（数値計画）で裏付けていくことで実現可能性の高い計画となる。同じように、定量で立てた目標などを、定性で裏付けしていくことで、より実現可能な計画になる。

どちらが欠けても、会社の事業計画としては不十分だ。

渋沢栄一はこう考えた

渋沢は大蔵省時代から、民間での経営活動にいたるまで鉄道の建設にはおおいに精力を注いできた。鉄道は、当時住民から必要とされていた事業であったが、それ以外にも膨大な利権を生む事業であった。

まず、土地の価格が大幅に上がる。鉄道によって、便利になった土地は、地価が大幅に上がる。渋沢は、鉄道を敷くと同時に、その周辺の土地を買ったり、賛同者に買わせたりした。

次に生活の基盤ができる。鉄道を敷くと、徐々にその周辺には町ができるからである。そこには、生活に必要な施設、産業が集まる。

そして、沿線自治体の市政が変わる。鉄道を敷くと、人口が変化し、市政全般が変わる。その情報の持っていき方で、市政から国政までが変化する。

渋沢は、そうした変化を、計画策定時に盛り込んでいた。これは、計画実行とともに変化していくものであろう。計画が変化したら、書き換えていけば、よいのである。

大切なのは、「事業を運営するときに、このような成果を期待していたか」ということである。

あなたは、事業計画を、理論立てて考え、根拠あるものにしていますか？

あなたは、事業計画を、定性と定量の両面で考えていますか？

大きく発想して、お金で小さくたたむ

大いなる立志と小さい立志と矛盾するようなことがあってはならぬ。（『論語と算盤』）

最終的にどこまでいくかという大きな志と、それをどのようにするのかという行動計画が、矛盾するようなことがあってはならないのだ。

事業を新たに始める時には、お金、機械設備、建物、土地などの「有形資産」と、信用、ネットワーク、ノウハウや実績などの「無形資産」、そして、従業員や大きな組織などの「人的資産」を多く必要としない事業からなるべく始めることが好ましい。

しかし、最初から、既成概念や制限にとらわれて、小さなビジョンで考えていては、魅力的な事業を創造することはできない。自分たちのモチベーションも上がらないし、人の協力も得られない。

何よりも、お客様の目にも魅力的に映らないだろう。

だから、「既成概念にとらわれずに大きく大きく発想し、今度は一転して、お金という制限で、可能な限り小さく小さくたたむ」ようにするのだ。そこが起業する場合の最適なスタート地点だ。

ただし、「落ち葉拾い」はしてはならない。お金がないからといって、全く、本業と関係ないことをしては、道を大きく外れてしまう。安易に落ちている葉を拾うのではなく、苦労してでも、ゴールにつながっている葉を狙うのだ。ただし、その道筋は、人にわからなくとも、自分自身にさえ見えていればよい。つまり、同じことをするにも、その理由付けが大切なのである。

渋沢は、事業を普通の人より大きく考えていた。明治4（1871）年に制定された開拓使10年計画は、北海道開拓の基本計画であった。そこで渋沢は、これからの日本では人口増加に伴って穀物などの増産を手がけなければならない。そう考えると、北海道の広大な農地は魅力的である。北海道で採れた作物を利用した加工品も重要な生産品になっていくと考えた。

そこで渋沢は、なかなか進んでいなかった「開拓使麦酒製造所」を共同で買い取り、札幌麦酒が設立される。

この段階で渋沢は経費の削減に努めている。開拓使麦酒製造所が官営であったため、コスト意識は弱かった。渋沢は、民間での経営を考えていたので、種類を減らして、売れるものに絞り込んだ。また、製造方法もコストを絞り効率的な方法にシフトした。

渋沢は、産業を大きく先まで見越したビジョンとコストを冷静に捉え、削減する目を持ち合わせていた。この会社は大日本麦酒になるのだが、戦後、アサヒビールとサッポロビールに分かれている。

もし、お金などの制限がなければ、あなたは事業をどのようにしたいですか？

お金をファクターにして、制限や優先順位を付けてみてください。

残り時間を意識する

すべて世の中の事は、三思《さんし》してもなお足らず、十思《じっし》百慮《ひゃくりょ》を要することもあれば、また再思の要だになく、ただちに実行せねばならないこともある。（『渋沢栄一訓言集』）

世の中には、三度考えても足りず、十回、百回と考えなくてはならないこともある。また、再び考えるまでもなく、直ちに実行しなければならないこともあるのだ。

残り時間を意識して計画を立てること。事業は何歳からでも始められる。しかし、年齢によって残された時間は違うのだ。

30歳と50歳とでは、仮に65歳まで事業を行うとしても35年と15年で大きく期間が異なる。普通で考えれば、30歳のほうが有利であろう。

残された時間と自分の状況を意識しながら、事業のスピードやボリュームを決めるのだ。そして、できるだけ早く、計画し、行動に移すのだ。タイミングを図ったり、準備をしたりすることは大切だが、どんなに準備をしても、どんなタイミングを選んでも、１００％大丈夫という状況にはならない。

仮説・実行・検証・ノウハウ化サイクルを数多く回すためにも、残り時間が多いほど有利だ。普通に考えれば、早く始めれば、失敗することができる。そして、様々なノウハウを得ることができる。

ただし、スタートが遅くなってしまったとしても、知識や今まで培った経験、ノウハウ、ネットワークなどを活かして挽回《ばんかい》することは十分可能だ。もし、自分が年を取っていて不利だと思ったら、それを認めたうえで、そういったものをフルに活用するのだ。残された時間からの逆算とスピード感が、年齢を重ねてからの起業では大切である。

渋沢栄一はこう考えた

渋沢は政治の世界からもよく誘われていた。明治23（1890）年、貴族院議員に選ばれている。当時の内閣総理大臣は山縣有朋《やまがたありとも》であり、内閣の顔ぶれとは旧知の仲であったが、第1回の一度だけ出席して後は休み、翌年にあっさりと辞めている。

明治33（1900）年伊藤博文内閣では、議院内閣制を伊藤に勧め、伊藤から入党を促されると、これを固辞した。また、翌年井上馨《いのうえかおる》に総理大臣になって内閣を組閣するよう伊藤と山縣有朋が持ちかけると、井上は「渋沢が大蔵大臣を引き受けるならやってもいい」と答えたが、この時も渋沢は固辞している。

渋沢は政治に関心がないわけではない。ただ、そこに身を置くと残りの時間でやるべきことができなかったのである。渋沢は自分の人生を100と考えるとその時すでに70～80％ほど来ていることを知っていたのだ。そう考えると、政治に割く時間はなかった。渋沢は常に時間を大切にし、残り時間を計算しながら、行動していたといえるのではないだろうか。

政府出仕時代の盟友だった井上馨（『渋沢栄一伝記資料』別巻第10,p.52,「渋沢栄一フォトグラフ」より）

あなたはいつまで(何歳まで)事業を行いますか？
残り時間は何年ですか？

残り時間を踏まえた事業のスケジュールを立てましょう。

数値の裏付けを持つ

緻密《ちみつ》な数字算出の確固たる見通しと、裏づけのない事業は必ず失敗する。（『論語と算盤』）

数値計画の緻密な見通しと、この根拠を示す計画でなければ、事業は必ず失敗する。

期間を定めて明確に設定するのが目標だ。期限の異なる複数の目標を、言葉（定性）と数値（定量）で定めよう。

一般的に一番長いのが長期目標。これは、おおむね10年程度の目標だ。「10年ひと昔」といわれるように、10年後の目標は、ビジョンのようなもので、根拠はあまりなく、経営者の気持ち次第といったものである。次に長い目標は中期目標で、おおむね3年から5年のものだ。これは、長期目標とは異なり、ある程度の根拠が求められる。おおむね、国に補助金申請等で出すものはこの中期計画である。そして短期目標とは1年の目標をいう。ここでは、行動計画まで明確に示す必要がある。

ワクワクするような、大きな目標がなければ力強く踏み出せない。しかし、なかなか達成が困難でモチベーションが落ちてしまうような時は、短期的な小さな目標（マイルストーン）を設定し、そこを目指すようにすると良い。そして、またペースが上がり始めたら、長期的で大きな目標を目指すのだ。このように短期目標と長期目標をうまく組み合わせながら、経営という長い道のりを走破するのだ。

渋沢は、これらの計画を全て数字で見直し、裏付けとなる数値的根拠が示せなければ「必ず」失敗すると考えた。渋沢は、温厚な一面はあったが、数値計画には厳しかったという。

渋沢は、事業を評価するときに、この事業が何年でどのくらい大きくなるのか、この事業は総額どのくらいの事業にするのか、この事業にかかる費用はどのくらいなのか、などの数値での評価を聞いていた。これに対して、見込みがないものや、甘い見込みのものには烈火のごとく怒ったという。

しかし、いくら渋沢でも、まだスタートもしていない事業の見込みなど、当たるも八卦《はっけ》、当たらぬも八卦だったであろう。渋沢は、正確にこの事業の予測が欲しかったわけではない。この事業の数値的見込みとその出し方を知りたかったのだ。

実際、始めてみると、事前の予測値との大きな乖離《かいり》が出てしまう事業もあった。だが、一度納得できる数値計画を出しておけば、どの項目があっていてどこが不測の事態であったのか、どこがどのように間違って計算したのかがわかり、数年もすればかなり信用できる数字となる。渋沢はそのために、数字にこだわっていたのである。

あなたの事業の５年後の目標は何ですか？

あなたの事業の10年後の目標は何ですか？

あなたの事業の今年の目標は何ですか？

◆渋沢栄一略年譜④（50代）

年号	西暦	満年齢	人生のできごと	歴史上のできごと
明治23年	1890	50	貴族院議員に任ぜられる。翌年辞任。	初の衆議院総選挙。教育勅語。第1回帝国議会。
24年	1891	51	約束手形や小切手の決済・交換のための東京交換所を創立、委員長。	
25年	1892	52	民間の零細な貯蓄を資本化する目的で、株式会社東京貯蓄銀行を創立し、取締役就任。	
26年	1893	53	海外の貴賓を接待するための「喜賓会」を設立し、幹事長になる。	
27年	1894	54	東京海上保険株式会社（のち東京海上日動火災保険）取締役に就任。	日清戦争起こる。
28年	1895	55	新潟県有志よりの依頼で、栄一を発起人代表とする北越鉄道株式会社が設立される。	日清講和条約調印。露独仏による三国干渉。
29年	1896	56	日本精糖株式会社を創立し、取締役になる。第一国立銀行が株式会社第一銀行となり、引続き頭取を担う。日本勧業銀行設立委員。	
30年	1897	57	澁澤倉庫部開業、営業主となる（のちに澁澤倉庫株式会社発起人）。日本女子大学校創立委員会計監督に就任（のちに校長）。	金本位制施行。
31年	1898	58	浅野セメント合資会社の監査役になる。韓国視察。	日本初の政党内閣「隈板内閣」が誕生。
32年	1899	59	株式会社北海道拓殖銀行の設立委員になる。	

第6条 決断・行動・検証する

衣冠束帯姿の75歳の渋沢（『渋沢栄一伝記資料』別巻第10,p.120,「渋沢栄一フォトグラフ」より）

勇気を持って決断する

成功や失敗のごときは、ただ丹精《たんせい》した人の身に残る糟粕《そうはく》のようなものである。天命に畏怖《いふ》し、人事を尽くして天命を待て。（『論語と算盤』）

成功したとか失敗したとかは、一生懸命に取り組んだ人からすれば、ただの残りかすのようなものである。天命は必ずあると思いながら、ただ我々ができることを一生懸命に取り組み、後は結果を待つしだいである。

経営において、絶対に成功する「正解」などない。選択肢が「あちらを取ればこちらが立たず」、つまり、トレードオフになることもある。だからこそ、経営者が決断しなければならないのだ。メリットデメリットや成功確率で判断することは機械でもできる。でも、それでは、最後は必ず失敗してしまう。

なぜならば、１００％がない以上、たとえばそれが90％の確率でも、２回続ければ、90％×90％で、81％の確率になってしまうからだ。経営者は毎日数多くの決断をしなければならない。それが何回も続けていけば、必ず失敗してしまう。しかも、その失敗は自分で決めたものではない。したがって、普段の決定は確率の高いものを選ぶとしても、たまには、自分の好きな選択肢や、自分の直感に頼るのもよい。その選択が意外に大きな成果を生むこともある。失敗しても、自分の選択で失敗したのなら納得できるし、諦めもつく。

学んだことや、経験、ノウハウを参考にして、普段は確率の高い選択をして、重要なところは、理念やビジョンやパッションに従い、勇気を持って決断していくことが大切だ。世の中にはどうにもならないことがあることを踏まえたうえで、それでもできる限りのことをして、結果を待つのだ。やることを一生懸命やりつくした人からすれば、結果など、残りカスのようなものである。

渋沢栄一はこう考えた

渋沢の決断で、最も勇気を必要とした案件のひとつは、一橋家に仕えたことだろう。何しろ今まで討幕側として活動し、横浜の外国人打ち払い計画は断念したものの、尊王攘夷の志士であったにもかかわらず、後の将軍家に仕官したのである。

これに関しては、変節のように見えがちだが、当時は後から考えるほど単純ではなかった、ということだ。まず、一番大きなことは、平岡円四郎の存在である。平岡は、才《さい》気《き》煥発《かんぱつ》で舌鋒《ぜつぽう》鋭いというのが渋沢の評価で、渋沢は彼の人柄に惚《ほ》れていた。

また、当時、一橋家は将軍家ではなかった。むしろ、将軍家を倒す勢力として見られていたのだ。現に、渋沢は一橋慶喜を将軍にという動きのなか、最後まで反対の立場をとっていた。

倒幕側から幕臣へという勇気ある大転換がなければ、のちの渋沢栄一は存在しなかったのだ。

渋沢が仕えた一橋慶喜（『渋沢栄一伝記資料』別巻第10,p.41,「渋沢栄一フォトグラフ」より）

**世の中にはどうにもならないことが存在することを
理解していますか？**

できる限りのことをして、結果を待つようにしていますか？

孤独と不安に耐える精神力を持つ

かくお膳立《ぜんだて》をして待っているのだが、これを食べるか否かは箸《はし》を取る人のいかんにあるので、御馳走《ごちそう》の献立《こんだて》をした上に、それを養ってやるほど先輩や世の中というものは暇《ひま》ではない。

（『論語と算盤』）

このようにごちそうを用意して待っているのだが、これを食べるのか食べないのかは、箸を持っている人の本人次第である。ごちそうをつくったうえに、それを食わせてやるほど、先人や世の中は暇ではないのだ。

経営者は、最終決定をする立場だ。時には、従業員など、周囲と利害相反の関係になることもある。また、その立場や情報の違いから、他の人と違った業務を行わなければならない。その結果、孤立することもある。

それに、経営者には、常に不安が付きまとう。正解がないなか、決断を迫られるし、お金がない、所属がない、保障されていない状況は誰でも不安で怖いものだ。そんな状況でも決断しなければならない。

しかし、だからといって、経営は待ってくれない。こういった孤独で不安な状況でも突き進まなければならないのだ。だから、経営者には、このような孤独と不安のなかでも、決断し続けなければならない。

経営者には、やり続けられる強い精神力が求められる。強い精神力こそ、経営者にとって最大の資質であり、武器なのである。どんな状況であろうとも決断できる強い精神力を持つのだ。

しかし、現在の自分の精神力が弱いと嘆く必要はない。多少失敗しても、生き残ってさえいれば、経営をしていくうちに、自然と強い精神力が身に付くものだ。だから、どんな状況に置かれても、続けることが肝心だ。続けていけばなんとかなる。

渋沢栄一はこう考えた

渋沢の実業家としての本格的な歩みは、第一国立銀行の総監督から始まった。渋沢は、そこで部下一人ひとりに銀行業務を丁寧に教えていく。渋沢は、銀行内に銀行業務を教える部署を設け、銀行員に銀行行政から簿記にわたる銀行業務の基礎を教えた。何しろ、当時は銀行の役割と業務について、銀行員もわかっていないのだから、これは大変な苦労であった。

渋沢は、「銀行は大きな川に似ている」と考えていた。「大きな川が一滴一滴集めて大きな流れとなり、そして大河となる。銀行も蔵のなかに隠れている金を集め、工業や商業、農業や貿易を発展させる」という意味だ。そんな渋沢の思いはだんだん浸透し、第一国立銀行は徐々に銀行としての体《てい》をなしていく。第一国立銀行は、6か月後には増資をするほど発展した。

晩年になって、渋沢は、「最初は孤独と不安でのスタートだが、新たな会社はそのようなものである。そこで未来を信じて耐えるのも経営者の役割」といっている。

あなたは、孤立することを過度に恐れていませんか？

あなたは、不安でも進むことができますか？

信号が全部青になるまで待つな

そも人生の運というものは、十中の一、二、あるいは予定があるかもしれぬ。しかしながらたとえこれが予定なりと見た所が、自ら努力して運なるものを開拓せねば、決してこれを把持《はじ》することは不可能である。（『論語と算盤』）

そもそも人生における運というものは、十中の一か二は決まっているかもしれない。しかしそれが定めと決めつけず、努力して運命を切り拓《ひら》かなければ。決してこれを打ち破ることはできない。

成功する経営者における共通点は、実行力があることだ。経営者は実際に行動し、成果を出してこそ評価される。

事業の成功を見て、あれは俺が思いついたものだとか、あんなことは誰でも思いつく、という人もいるが、実際に実行してはいない。本当に思いついたかは別としても、決断し、行動したからこそ、その起業家はそこまで賞賛されるのだ。

「信号が全部青になるまで待つな」という格言がある。先の信号が赤であったとしても、目の前の信号が青であれば進み始め、進みながら先の信号が変わるのを待てばよい、という意味だ。経営であれば、進んでいる間に先の信号を青にする努力もできる。それに、水面に石を投げ入れれば波紋が起こるように、行動することで、局面が変わり、道は拓けるかもしれない。

経営は、行動することで結果を出すことを志向する。結果を恐れて待つのではなく、まずは動いてみるのだ。そして、刻一刻と変化する経営環境を見極め、時を味方に臨機応変に挑むことが肝心なのだ。

人生のうち、10％か20％は、もしかしたら、すでに決まっているのかもしれない。でも、自ら努力してこれを打ち破ろうとしなければ、決して道は拓かれない。

渋沢栄一はこう考えた

渋沢が越業を手がけた事業は500にも及ぶ。もちろん渋沢は、道徳経済合一説のチェックや、数値的な見込み、経営者の意気込みなどを見て慎重に判断していたのだが、自分が行う事業については、素早く行動した。

そのため思わぬ失敗も数多くあった。

明治34（1901）年、還暦を過ぎた渋沢は東京の飛鳥山に住居を移す。だが、飛鳥山のすぐ近くの王子停車場には、渋沢たちが作った製紙会社があった。後の王子製紙だが、思わぬ生産拡大により工場には巨大な煙突が立ち並ぶようになっていった。また、その近くにあった停車場からは、製紙工場で作り出される製品を運ぶ蒸気機関車が頻繁《ひんぱん》に走り、黒い煙をもくもくと出して、飛鳥山まで流れていった。庭園の木々は枯れ、家にも煤《すす》が入った。しかし渋沢は、「わしが骨を折って立てた会社なのだから文句などいえまい」と終始笑っていたという。

事業を起こすときは、すべてが予想通りになるとか、あらゆる事態を想定しつくすことなど無理だ。さまざまなマイナスの副産物を生むこともあるだろう。しかし「安全」が確信できるまで待とうとすれば、結局始めることはできない。

あなたは迷ったら行動するようにしていますか？

あなたは、自ら動くことで局面が変わり、それに対応することで停滞する事態を打破できることを理解していますか？

成功した時こそ反省する

世の中に逆境は絶対にないと言い切ることはできないのである。ただ順逆を立つる人は、よろしくそのよって来るゆえんを講究し、それが人為的逆境であるか、あるいは自然的逆境であるかを区別し、しかる後これに応ずる策を立てねばならぬ。

（『渋沢栄一訓言集』）

絶対に、世の中に逆境はないとはいえない。ただし、他者の期待や社会の常識に逆らい、自分の信念や考えを貫く人は、なぜそれがそのようになったのかを研究し、それが人間の及ぶところなのか否かを判断し、その上で、今後どのように動くかを考えるのだ。

経営に絶対に成功する法則などない。また、うまくいかないことが絶対にない事業など存在しない。

だから、成功する確率を高めるには、検証が大切なのだ。この結果が、自分たちの決断と行動から起こったもの（内部環境要因）なのか、自分たちの力が及ばないところから起こったものなのか（外部環境要因）を分析するのだ。

内部環境要因であれば、反省し、修正したり、ノウハウ化したりすることができる。だが、外部環境要因であれば、反省しすぎないようにすることが肝心だ。

事業がうまくいかない時に検証すれば、反省する人がいるかもしれないが、成功した時に振り返る人はほとんどいない。しかし、成功した時の反省が大切なのだ。成功した時の反省は、ノウハウの蓄積につながる。

どうすれば勝ち続けられるか、どうすれば今日だけでなく明日も明後日も成功するのか、と考え、成功体験をストックしいつでも使えるようにするのだ。

たとえ偶然の成功であったとしても、間違った法則であっても、そこからジンクスが生まれてくる。そのジンクスを信じ、成功するためのマインドになるならば、それも勝利の法則といえる。

渋沢栄一はこう考えた

渋沢は事業がうまくいっている時にこそ、事業を振り返っていた。なぜなら、成功した時には、次につながるノウハウがあるからだ。なかでも富岡製糸場の体験は貴重なものとなった。

前述したが、富岡製糸場では、外国人指導者に対する偏見対策を、何度かの失敗を経て解決した。工女の問題では、給与を上げ、当時の日本にしたら待遇をよくしたにもかかわらず、人は集まらない。

結局、工場建設の責任者である尾高惇忠の娘、ゆうが働いて人は増えだしたのだが、やはり、人を動かすには、身内など自分に近い人間に手本を示してもらうべきだという見本となった。

経営面でも、「官が経営すると、どうしても採算性が二の次になってしまう。製糸業の近代化を進めるためには民営化が必要だ」との意識を強く持った。これは、その後、東京赤坂や札幌の製糸場に反映される。

渋沢たちの官営工場の紆余曲折のなかで反省しながら蓄積した成功のノウハウが、その後の製糸工場の成功につながったのである。

あなたは、成功した時にこそ反省するようにしていますか？

原因を内部環境要因と外部環境要因に分けて分析していますか？

原因が内部環境要因であった時に、
ノウハウ化や対抗策を考えていますか？

失敗した時は反省しすぎない

よく事を通じて、勤勉であっても、目的通りに事の運ばぬ場合がある。これはその機のいまだ熟せず、その期のいまだ到らぬのであるから、ますます勇気を鼓《こ》して忍耐しなければならない。（『渋沢栄一訓言集』）

どんなに精通して勉学に励もうとも、目的通りに運ばないこともある。これは時が熟しておらず、まだその時ではないのだから、勇気を振り絞って耐えなければならない。

経営者は常に決断の連続だから、自ずと失敗することも多くなる。どれほど戦略的に行動しても仮説が外れ、思ったとおりにいかないこともある。

小さな失敗はたいてい取り返せる。事業存続が不可能になるような、もしくは信用を失うような失敗だけを全力で回避すればよい。失敗は後退ではない。その道が間違っていたことがわかった、という意味では前進だ。

失敗は次の失敗を誘いやすい。失敗すると、落ち込んだり、焦ったりして次の失敗を誘引するのだ。だから、失敗した時は、全力で次の失敗を回避するようにしよう。失敗の連鎖だけは防ぐのだ。

失敗した時は反省しすぎてはならない。失敗すれば、誰でも痛い思いをする。もう二度としないと思うだろう。反省すべきことは反省し、それ以上のダメージを負わないように心がけよう。反省しすぎてしまうと、次の挑戦が怖くなる。それに、反省しすぎてしまうと、よい部分も否定してしまう可能性がある。

結果が悪かったからといって、全てを否定するのではなく、行動や要素を分解し、修正すべきところは修正し、学ぶべきところは真摯《しんし》に学ぶようにしよう。同様に、部下の失敗にもある程度寛容でなくてはならない。

渋沢栄一はこう考えた

渋沢は生涯約500の企業の設立・運営にかかわり、経済界に貢献した。渋沢のかかわり方は企業ごとに異なっていて、創業時から経営の中心的な役割を果たしたものから、設立の際、投資や助言を行ったもの、また、経営不振で頼ってきた者に対して資金援助をしたこともあった。

一つ一つの会社の業績もすごいのだが、驚くべきはその数である。平均すると、年間10件であるが、多い時には年間27件もの会社を設立してきた。

ただ、渋沢といえども全ての会社を育て上げることは不可能であった。たとえば、明治20（1887）年に九州米を輸出すべく設立した日本輸出米商社や明治39（1906）年設立の日露貿易などで発起人を務めているが、2社ともに、経営不振に陥っている。渋沢は、どの会社でも、最後まで一生懸命に救済処置を考えたが、一方で、社会環境や需要の変化には逆らえないと感じていた。

日本輸出米商社はわずか2年、日露貿易は7年で解散している。見切り時の決断も、経営者の重要な仕事だ。

失敗した時、次の失敗に備えるようにしていますか？

**失敗したことを総花的《そうばなてき》に否定するのではなく、
行動や要因を分解して考えるようにしていますか？**

部下の失敗にも、ある程度寛容であるように心がけていますか？

◆ 渋沢栄一略年譜⑤（60代）

年号	西暦	満年齢	人生のできごと	歴史上のできごと
明治33年	1900	60	日本興業銀行の設立委員になる。男爵を授けられる。	
34年	1901	61	別荘や迎賓館的存在だった飛鳥山邸（曖依村荘）を本邸とする。	八幡製鉄所、操業開始。
35年	1902	62	兼子夫人同伴で欧米視察。セオドア・ルーズベルト大統領と会見。	日英同盟調印。
36年	1903	63	日本とインドの経済・政治・文化交流を推進すべく、「日印協会」創立メンバーとなる（のちに会頭）。	
37年	1904	64	病気のため、転地療養などで過ごす。	日露戦争勃発。
38年	1905	65	徳川慶喜・伊藤博文らを飛鳥山邸（曖依村荘）に招待する。茶室・無心庵にて午餐会。	日露講和条約（ポーツマス条約）調印。講和条約を不満とする日比谷焼き討ち事件が起こる。
39年	1906	66	東京電力株式会社を創立し、取締役就任。京阪電気鉄道株式会社創立にあたり、創立委員長になる。	鉄道国有法公布。南満州鉄道株式会社設立。
40年	1907	67	帝国劇場株式会社を創立し、取締役会長に就任。	経済恐慌、株式暴落起こる。
41年	1908	68	アメリカ太平洋沿岸商業会議所代表委員一行を飛鳥山邸に招待。	
42年	1909	69	古稀に際し、多くの企業・団体の役員を辞任する。中央慈善協会（のち全国社会福祉協議会）の初代会長になる。渡米実業団を組織し団長として渡米。ウィリアム・タフト大統領と会見。	伊藤博文、ハルビンで暗殺される。

第7条 コミュニケーション力を養う

ニューヨークで撮影された81歳の渋沢（『渋沢栄一伝記資料』別巻第10,p.234,「渋沢栄一フォトグラフ」より）

思いやりだけは誰にも負けないようにする

仁に当たっては師に譲らず。それ吾人《ごじん》の須臾《しゅゆ》も離るるべからざる人道なるものは一に忠恕《ちゅうじょ》に存するものである。（『論語と算盤』）

思いやりだけは師匠にも引けを取らず持てるはずだ。一時も忘れてはならない人間として一番重要なことは、思いやりを第一に持つことである。

仁（思いやり）だけは、誰にも負けないようにするのだ。たとえ自分を教え、育ててくれた師匠が相手であっても、これだけはできるはずである。自分がやって欲しくないことは相手にもやらないようにする。逆に、自分がやってもらってうれしかったことは、いつか誰かにやってあげることが肝心だ。そうすることで、いつか自分や自分の大事な人に返ってくるし、返ってこなくても、思いやることで事業や自分自身が成長できる。

相手のことを思いやり、いわれる前に行動する姿勢が肝心だ。商売においても同様である。相手のリクエストを聞き行動することが商売ではない。相手がいう前に、相手を思いやり、先回りして行うことが、真のサービスである。

市場調査やマーケティングリサーチは重要でした。しかし渋沢の時代にはそうした考えはなかった。そのかわり孔子が最高の徳とした「仁」、その基本となる「忠恕」の心を人間として一番大切なものとした。ここでは「思いやり」と端的に表現したが、その心があれば、ニーズやウオンツのさらに先が読めるのだ。

それを行うためには、相手の事を思いやり、何を求めているかを感じることが大切だ。仕事先の人間関係だろうと、身内や友人であろうと、たとえ長い間会えなかったとしても、相手の事を気にかけていることが大切だ。

渋沢栄一はこう考えた

渋沢は常に全国で増えつつある商工業者を思い続けていた。

明治24（1891）年、渋沢は、東京商業会議所の会頭になった。ここにいたるまで、渋沢たちは、数回の離合集散を繰り返し、そのたびに努力をしながら復活してきた。というのも、当時の日本には、経済の軸となっている商工業者の意見を世論として取りまとめる機関がなかったのだ。世論を形成していくには、業種を越えた団体における情報や意見交換が必要だった。

また、渋沢は、欧米のように、商工業に関する調査や紛争の調停などの機能がないことを課題としていた。

渋沢は、東京や大阪など大都市だけ充実していても国は発展しないと考え、商業会議所を全国に展開した。これにより、地方の商工業が大きく発展する機会となった。

渋沢は、明治38（1905）年まで会頭を務めている。51歳から65歳という体力的にも衰えが出てくる時期に、あえて経済界全体のために尽力したのは、全ては渋沢の思いやりの精神であり、その後の日本の商工業の発展に大きく寄与することになる。

常に相手を思いやることを忘れていませんか？

自分がやって欲しくないことは
相手にはやらないようにしていますか？

自分がやって欲しいことを相手にやるようにしていますか？

聞き上手になる

やさしさを持って人情を理解し、己の欲せざるところは人に施《ほどこ》さず、いわゆる相愛忠恕の道をもって相交わるにあり。（『論語と算盤』）

やさしく人に接して、人の心を理解したうえで、自分がやられたら嫌なことは人にもやらないようにするという、いわゆるお互いがお互いを思いやる気持ちでかかわるのがよい。

「相手の意図を理解すること」と、「自分が伝えたいことを適切に伝えられること」が両方備わってはじめてコミュニケーションがとれているといえる。人と人との対話は双方的なものであり、どちらかに偏っていてはお互いの心は通じない。

相手の話の本質を聞き出し理解する技術、そして自分の意図や意志、感情を正確に伝える技術を身につけよう。優れた経営者は聞き上手であり、かつ話し上手である。

一方的に話していては情報を流出するばかりで、新たな情報やノウハウを吸収する機会を逃してしまう。相手に話を促し、謙虚に耳を傾けよう。自分が4を話したら、6を聞くくらいでちょうどよい。

人は、自分の話を聞いてくれる人に好感を持つものだ。また、話を正確に伝えるためには、相手が聞きたいことや知りたいことを考え、わかるように話さなければならない。プレゼンや部下への指示も、相手に伝わり理解してもらうことではじめて成立する。経営者には必須の能力といえる。

コミュニケーション能力は、天性の資質だけで決まるものではない。学習と経験によって高められる。常にどうやったらよいコミュニケーションが取れるか強く意識し、学習するようにしよう。

渋沢栄一はこう考えた

渋沢は聞き上手な一面も持ち合わせていた。とくに自宅の門を開け、時間の限り人に会っていた朝は、かなり寛容だったようだ。

渋沢への相談は、事業や商売の話だけでなく、夫や子供のいる女性からの相談や、若手からの相談も来ていた。渋沢はこれらの話を一つ一つ丁寧に聞き、それに応じた返答をしていた。

ある日、夫の帰りが遅く浮気を心配していた夫人が相談に来た。渋沢は、その夫人の話をしばらく聞き、「旦那さんは、何か仕事で大きなプロジェクトを抱えているのかもしれない。うまくいかない日もあるから、イライラしているのだ。そんな時、妻であるあなたがそんなことでどうする。しっかり支えなさい」と答えた。妻は納得いかない様子だが、渋沢のいうことならと矛《ほこ》をおさめた。

しばらくして、もう一度、渋沢のところに来た妻は、「おっしゃる通りでした」と頭を下げたという。渋沢の観察眼と話をよく聞く姿勢の勝利であった。

しかし、渋沢ほどの大経営者でも浮気の相談に行こうと思われるのだから、その信望の厚さは驚くべきものがある。

**自分の話は４割以内に収め、
６割以上相手の話を聞くように心がけていますか？**

**相手がどんな話を聞きたいのか考え、
話をするように心がけていますか？**

**コミュニケーション力を高める努力をしていますか？
これから具体的にどんな努力をしていきますか？**

考えの異なる人ともコミュニケーションをとる

老年となく青年となく、勉強の心を失ってしまえば、その人は到底進歩発達するものではない。（『論語と算盤』）

老人であっても青年であっても、学ぶ心を失っては、進歩が止まる。

どんなビジネスでも、社会から外れて存在することはあり得ない。様々な人や組織とコミュニケーションを取ることで進んでいくのだ。

国や地域、文化、背景、人種などの違いから世の中には自分と意見や考え方の異なる様々な人たちがいる。そのような人たちとコミュニケーションが取れれば様々な気づきやアイデアを得ることができる。多様性を受け入れ、自分と意見の違う者のいうことにも耳を傾けよう。そして自分の考えをいってみよう。思考が強化されたり、変化したり、新たなものに生まれ変わったりするはずだ。メディア情報では得られない、「生きた勉強」である。

ただし、相手が自分と違う意見だからといって、相手をいい負かしてはいけない。必ずしも相手のいうとおりにしなくてもよいが、謙虚に耳を傾け、参考にすればよいのだ。正解は複数存在することもあるし、一つも存在しないこともある。自分たちが絶対的に正しいことは、あり得ないのだ。

人とは時間の許す限り会って話を聞くようにしよう。渋沢は時間があるときは毎朝、家の門を開けていた。そして、相談がある人は、時間が許す限り、話を聞いていた。もちろん、全ての人に対応することは難しい。だが、多くの人の声に耳を傾け、様々な人の意見を柔軟に聞くことで広い視野をもって業務にあたれたことも事実である。

渋沢栄一はこう考えた

渋沢と岩崎弥太郎は犬猿の仲であった。５歳年上の岩崎は、自分自身の眼力や経営手段でのし上がっており、事業を自分たちで極力独占することによって利益を確保できると考え、財閥による囲い込み戦略をとっていた。それに対して渋沢は企業が事業を独占することは不健全と考えていた。渋沢は、「広く資金を集め、それを運用することで民に還元していく。そのためには競争と共栄が必要だ」という合本法を元にしていた。

渋沢と岩崎は、共同運輸と三菱汽船で互いに安値争いをして、共倒れの危機にあった。農商務卿の西郷従道《つぐみち》が間に入り、最後は岩崎弥太郎の後を継いだ岩崎弥之助と日本郵船会社をつくる。渋沢は「両社の合併が最善なことは分かっていた。ここは大同小異の精神で挑みたい」といっている。

岩崎弥太郎（『渋沢栄一伝記資料』別巻第10,p.81,「渋沢栄一フォトグラフ」より）

渋沢も岩崎と同じ舟に乗ってはさぞかし不本意だったであろう。しかし、業界全体を考え、自分とは考えの違う人も懐《ふところ》に入れる渋沢の度量の深さがうかがえる。

属性の異なる様々な人の話を聞くように心がけていますか？

相手の話を聞くばかりではなく、
自分の考えや意見を積極的に言うようにしていますか？

良質なネットワークを築く

世人は、一も二もなく彼を順境の人と思うであろうが、実は順境でも逆境でもなく、その人自らの力でそういう境遇を作り出したにすぎない。（『論語と算盤』）

人生が思い通りに進んでいる人を、世の中の人はすぐに「運がいい人だ」というが、実は、運がよいも悪いもなく、その人自身がそのような境遇をつくったのにすぎない。

経営にとって、ネットワークは重要な要素だ。よいネットワークは多くのビジネスチャンスを運んでくる。ネットワークがあれば、ものごとが有利に進んだり、うまくいかない事でも、解決できたりすることも多くある。

ネットワークの大きさは重要だが、質も大切だ。よい人脈はさらによい人脈へとつながり、どんどんスパイラルアップしていく。逆もしかりで、悪い人脈は悪い人脈を連れてくる。闇雲に広げるのではなく、意識的によいネットワークを築くようにするのだ。

そのためには、会いたい人には、できるかぎり自ら会いに行くようにするとよい。また、自分が負のエネルギーを持つと同じような人を引き寄せてしまうので、ある程度楽しいことをするようにしたり、倫理観を持って正しい行動をしたりする。また、負の感情をあまり持たないように、感情をコントロールすることも肝心だ。

渋沢栄一はこう考えた

渋沢の周りを見ると、恐るべき交友関係の深さが見て取れる。

まずは、最後の将軍になった徳川慶喜。若いころは、渋沢が直接言葉を交わすことはなかったが、彼の家臣となり、渋沢は関東人選御用掛、歩兵取立御用掛、御勘定組頭などの役職を歴任する。

渋沢は、慶喜の晩年に、彼の名誉挽回に動いている。そのころ渋沢の直接の上司は平岡円四郎であろう。彼は「天下の権平岡にあり」といわれるほど優秀で、慶喜を家老並として支えた。

渋沢を明治新政府に誘ったのは大隈重信である。また明治政府出仕の時代に一番世話になった上司である井上馨。そして、盟友・伊藤博文。「国営は伊藤、民間は渋沢」といわれるほど、お互い意識し合う親友であった。

民間では何といっても、永遠のライバル岩崎弥太郎。彼とは仲はよくなかったが、後に弟の岩崎弥之助の代には、一緒に会社を経営している。そして、盟友関係であった益田孝。彼は、三井物産の社長であった。このほかにも、西郷隆盛、蝦夷開拓の黒田清隆《くろだきよたか》、桂太郎をはじめとする官民に広い人脈があった。

これらの人脈は一気にできるものではなく、また、これだけ良質のネットワークをつくるには、渋沢の努力と人柄が必要だったであろう。

大隈重信（『渋沢栄一伝記資料』別巻第10,p.45,「渋沢栄一フォトグラフ」より）

良いネットワークを広げる努力をしていますか？
具体的に何をしていますか？　これから何をしますか？

会いたい人にはできる限り
自ら会いに行くようにしていますか？

負のエネルギーを持たないように努力していますか？
具体的に何をしていますか？　これから何をしますか？

◈ 渋沢栄一略年譜⑥（70代）

年号	西暦	満年齢	人生のできごと	歴史上のできごと
明治43年	1910	70	政府諮問機関「生産調査会」を創立し、副会長就任。	日韓併合。
44年	1911	71	勲一等に叙され瑞宝章を授与される。	
大正元年	1912	72	宗教者同士の相互理解と協力を推進する「帰一協会」を創立し、幹事。ニューヨーク日本協会協賛会を創立・名誉委員長。	明治天皇崩御。
2年	1913	73	日本結核予防協会を創立し、副会頭（のちに会頭）。日本実業協会創立・会長。	
3年	1914	74	日中経済界の提携のため中国訪問。	ドイツに宣戦布告し、第一次世界大戦に参戦。
4年	1915	75	パナマ・太平洋万国博覧会視察のため渡米する。ウッドロウ・ウィルソン大統領と会見。	日本政府から、中国の袁世凱政府に対華二十一箇条要求を提出する。
5年	1916	76	海外植民学校顧問。日米関係委員会創立・常務委員。喜寿を機に、第一銀行の頭取などを辞め実業界を完全引退。渋沢栄一述『論語と算盤』（東亜堂書房）刊行。	
6年	1917	77	日米の相互理解と協調のために日米協会創立し、名誉副会長になる。	株式市場、大暴落。
7年	1918	78	渋沢栄一著『徳川慶喜公伝』（竜門社）刊行。	原敬内閣成立。第一次世界大戦終結。
8年	1919	79	労使協調を推進するための財団法人協調会創立し、副会長。	ベルサイユ条約調印。

第❽条

常にお客様に問う

新聞を読む86歳の渋沢（『渋沢栄一伝記資料』別巻第10,p.239,「渋沢栄一フォトグラフ」より）

お客様は常に正しい

人と争って自分が間違っておっても強情を張り通す、これが元気が宣《よ》いと思ったら大間違いである。（『論語と算盤』）

人と争ったときに自分が間違っていても謝らないことがよいことだと思ったら大間違いなのだ。

「お客様は常に正しい」とは、「お客様は絶対的な存在なので媚《こ》びなくてはならない」ということではなく、「市場の評価が全てだ」ということ。経営者は自らの意思と考えで行動するが、それが正しいかどうかを決めるのはお客様だ。

お客様が間違った判断をすることもあるが、それは、魅力などを伝えられなかった我々の責任だ。外部環境に恵まれず、事業がうまくいかないことは確かにあるが、それは、その外部環境を読み、対応しなかった側の責任である。

うまくいかないことを、お客様のせいにしてはならない。売上や利益は事業の評価と考えることができ、お客様から支持されない事業は市場から撤退を余儀なくされる。

事業を運営しているうちに、いつの間にかお客様ではなく、自分たちのために事業を行ってしまっていることがある。自社の立場からのみ発想していては独りよがりになり、ついにはそっぽを向かれてしまう。

お客様の方を向いていない事業は、必ず衰退する。常にお客様に向き合って事業を運営するように心がけよう。

また、事業推進に困ったときは、必ずお客様に判断を仰ぐ。つまりお客様の反応を見て、それを決して否定せず、真摯《しんし》に受け止め、これからの事を考えるのだ。

渋沢栄一はこう考えた

渋沢は37歳だった明治9（1876）年から昭和6（1931）年に92歳で亡くなるまで、養育院にかかわり院長を務めた。

養育院とは、生活困窮者や孤児、不良少年や病気の子供などを保護する施設である。養育院の運営にはかずかずの紆余曲折があり、何度か廃止されそうになったこともある。その最たる理由が「税金を投入すると、働かなくても生活できることになるため、怠《なま》け者を増やすことになる」というものだ。

これに対して渋沢は「実際問題、今の生活に困窮している人がいる。現在、やるべきことは、この人たちを救うことである」として、これを真っ向から否定した。さらに、「道義のうえから、小児が井戸に落ちたのを見ていながら救わなくてもよいものだろうか」と問い、さらに、社会政策のうえからも、「貧窮のために犯罪に走る者が多々いるので、慈善事業でこれを未然に防げるのならば効果的だ」といっている。

渋沢は、現実主義者だった。「起きたこと、現在ある現実はなかったことにはできない」との考えが常にあった。こうした精神は、「お客様は常に正しい」という経営者としてのリアリズムに通じるものがある。

事業がうまくいっていない理由をお客様のせいにしていませんか？

常にお客様を向いて事業を運営することを心がけていますか？

お客様に問う

真似はその形を真似ずして、その心を真似よ。（『渋沢栄一訓言集』）

真似るならば、外見だけを真似るのではなくその内心を真似るのだ。

自らの事業が変貌している社会の新しい要請に応える事業かどうかを常に自問すること。社会の要請に応えていない事業は成功し続けることはできない。常に市場に目を向け、知る努力をしよう。

市場は常に変化している。自分たちの固定概念が間違っていることも少なくない。一時的に成功したビジネスでも、お客様の声に耳を傾けていなければ長続きしない。常にお客様に問う姿勢が大事なのだ。

お客様のキモチやライフスタイルを徹底的に知ること。顧客ターゲットを観察し、常にお客様や市場の声に耳を傾けていよう。経営者は自分の事業においてお客様を一番知っている存在でなければならない。

しかし、お客様に「何が必要ですか？」「私は何をすれば良いですか？」と直接聞いてはならない。アンケート調査などの結果をそのままうのみにしてはならない。それらは、本当の意味で「お客様に問う」になっていない。聞かれたから答えた結果が本当のキモチであるとは限らないからだ。

それらはあくまでも参考であるとし、そこから自分で考えた戦略（仮説）を立てることが大切なのだ。

渋沢栄一はこう考えた

渋沢は13歳のころ、一人で藍葉の買い付けに行くことがあった。渋沢は、当時生意気盛りであり、また、いつも父親の様子を見ていたため、自分でもできると思った。だが、始めてみると、意外と難しいことに気が付く。そこで渋沢は、売手の様子を観察することにした。

売り手は、買手と会話しながら藍葉を売っている。買手によって、藍葉の相場も違っている。知識のない買手や経験の薄い相手には比較的高い金額を出して、知識や経験がある者には適正価格かそれより下の価格で出している。

渋沢は、すぐに普段やっている知識を活かし、「これは肥料が少ない」「乾燥が悪い」などと、藍葉の品評を行った。最初は行き当たりばったりであったが、次第にこれが当たり、目当ての量を買いきった。

夜、帰ってきた父親に報告すると、父親は栄一の商才を喜び、栄一自身もますます家業に励むきっかけとなった。

渋沢はけっして「コツは何ですか?」とは聞いていない。売り手と買手を観察し、そこから双方がどのように商いを成立させているか、その深い部分を見抜いたのである。

常に市場を観察し、自分たちの事業は
変貌している社会の要請に応えているかと問いかけていますか？

お客様のキモチやライフスタイルを徹底的に
知ろうと努力していますか？

アンケートやお客様のコメントなどに
そのまま対応していませんか？

お客様のニーズを知る

できるだけ多くの人に、できるだけ多くの幸福を与えるように行動するのが、吾人の義務である（『渋沢栄一訓言集』）

できるだけ多くの人が、できるだけ幸せになるように行動することが、われわれの義務である。

普段から、自分のニーズを認識している人は少ない。「切れないひもがあるからハサミが必要だと感じる」ように、人はストレスがあって初めてニーズを認識するものだ。そこで、お客様に困ったことやストレスに感じていることを聞くようにしよう。ニーズは普段から認識していなくても、ストレスは普段から強く印象に残っている。それを逆転させれば、明確なニーズをキャッチできる。

ニーズに比べてウォンツを知るのは難しい。しかし、ウォンツを具体的に把握し、それに対応できる事業は、差別化や優位性が確立しやすく、大きくなりやすいし、収益性も良い傾向がある。

多くのウォンツは、情報や提案を得て初めて形成されるものだ。したがって、ウォンツを喚起するためには、こちらから情報を出したり、提案したりするのがよい。お客様の行動を観察し、仮説を立て、提案し、反応を見るのだ。

お客様に問うときは、「このような商品やサービスはいかがでしょうか?」と提案しながら問うようにするのだ。つまり、どのようなものがよいのかを聞くのではなく、こちらが先に具体的な商品やサービスを出す必要がある。それに対する意見を聞くようにすることで、ニーズ（目的）に基づく、それを満たすためのウォンツ（手段）が見えてくる。

渋沢栄一はこう考えた

渋沢のころは経営学が発展しておらず、現代の経営学にある顧客主義のようなエピソードは、私の知る限りない。そこが現代の経営学との違いと思っていたら、ふと「(お客様に対して) 忠恕せよ」という言葉が目に留まった。これを現代的に解釈すると、「お客様の立場に立って考えよ。そうすればお客様はたくさん来る」だが、そう翻訳すると、前後の文章がしっくりこない。

誰も見ないかもしれない旅館の通路に、一輪の花を毎日挿《さ》している旅館の女将《おかみ》さんがいる。一輪挿しに気が付かないお客様も多いので、これはお客様を増やすためではない。では、何のためにやっているのか。それは、女将自身がそうしたいからだ。女将さんは、顧客が見ないかもしれないところであっても、花を飾りたかったのだ。

ここには、アンケートで顧客の動向をみてとか、もっと顧客のニーズを調べて、とかいうマーケティングは存在しない。渋沢は「本当の商売とは、お客様にいわれる前に先回りしてお客様の要望を捉えること」といっている。

女将さんは、お客様に満足してもらいたかったのだ。この部分がまさに現代経営学に足りない部分ではないだろうか。

お客様にストレスを聞き、それを反転して
ニーズをキャッチするようにしていますか？

お客様に情報提供したり、提案したりして、
ウォンツをキャッチしたり創り出す努力をしていますか？

お客様には提案しながら問うようにしていますか？

常に情報を集める

そもそも銀行は大きな川のようなものだ。銀行に集まってこない金は、溝にたまっている水やポタポタ垂れている滴《しずく》とかわりない。（「第一国立銀行株主募集布告」より意訳）

銀行は大きな川のようなものである。銀行に集まってこない金は、溝にたまっている水やポタポタ垂れているしずくと同じで活かされていない。

様々な分野にアンテナを張り、広く、深く情報を集めよう。思い付きや闇雲な意思決定はせず、仮説の根拠となる情報を集めることは、リスクヘッジのうえでも重要だ。

情報は定点観測して集めるとよい。毎日同じ新聞を読む、定期的に同じ人の講演を聴くなど、自分なりの情報の入口を定めておくのだ。そうすることで、情報を点ではなく、線でとらえることができる。一番重要なのは現場の情報だ。経営者自らが常に現場へ立つ機会を持つようにし、情報収集しよう。現場に立つことで他では得られない貴重な情報を得ることができるはずだ。

ただし、情報はあればあるほどよいというものでもない。情報をいくら集めても、それだけでは成功に結び付かない。逆に、多すぎて混乱したり、反対の情報が見えてしまったりして意思決定ができなくなる時もある。経営は「常に、完全な情報がそろわない」中で、意思決定し、行動していくものである。

渋沢栄一はこう考えた

政府の中に身を投じていたときも、渋沢は常に民間の視点で物事を見ていた。

たとえば、富岡製糸場では、渋沢の思い描いていたような機械の近代化における効率的な生産は民営化されてからであった。渋沢は、「国が先頭に立ってやらねばならぬことは確かにあるし意義もある。しかし、さらに近代化や効率化を進めるには民営化すべきである」といっている。

創立当時の富岡製糸場（『渋沢栄一伝記資料』別巻第10,p.49,「渋沢栄一フォトグラフ」より）

とくにインフラを創るところや莫大な元手がなければ手を付けられないところ、法律や条約を書き換えなければならないところは官が行わなければ手が出せない。しかし、その効率化、さらなる近代化には民営化し、ある程度の競争があったほうが発展するというのが渋沢の考えであった。

その後も、渋沢の会社は、銀行、鉄道、ガスなど、官で始め民で展開する担い手となっていった。これは渋沢が常に「民間であればどのように展開できるか」という視点で情報を集め、物事を考えていたからだ。

思い付きでなく、根拠となる情報を集める努力をしていますか？

情報を集める「定点」を持っていますか？

なるべく現場に出て情報を集めるようにしていますか？

とにかく情報を多く集めることや、
情報を完璧にそろえることに執着しすぎていませんか？

◆渋沢栄一略年譜⑦（80代〜逝去）

年号	西暦	満年齢	人生のできごと	歴史上のできごと
大正9年	1920	80	社団法人国際聯盟協会創立・会長。子爵を授けられる。	戦後恐慌。日本初のメーデー。国際連盟成立。
10年	1921	81	ワシントン軍縮会議実況視察のため渡米。ウォレン・ハーディング大統領と会見。	原敬首相暗殺。
11年	1922	82	アルメニア難民救済委員会委員長。	
12年	1923	83	罹災者の救済および経済復興のため、大震災善後会を創立、副会長。	関東大震災。死者9万人、行方不明者4万人。
13年	1924	84	日仏文化交流のため、財団法人日仏会館創立、理事長。	アメリカで「排日移民法」が成立。
14年	1925	85	製鉄鋼調査会委員。日本無線電信株式会社設立委員長。	普通選挙法公布。
昭和元年	1926	86	太平洋問題調査会創立・評議員会会長。社団法人日本放送協会（NHKの源流）を創立し、顧問。	大正天皇崩御。
2年	1927	87	日本国際児童親善会創立・会長。日米親善人形歓迎会を主催。	金融恐慌、始まる。
3年	1928	88	日本航空輸送株式会社創立・創立委員長。	第1回普通選挙施行。張作霖爆殺事件。
4年	1929	89	中央盲人福祉協会を創立し、会長就任。	ニューヨーク株式大暴落、世界恐慌始まる。
5年	1930	90	財団法人楽翁公遺徳顕彰会会長。	ロンドン海軍軍縮条約調印。
6年	1931	91	11月11日永眠。	満州事変勃発。

第❾条 ヒトを創る

揮毫中の89歳の渋沢（『渋沢栄一伝記資料』別巻第10,p.246,「渋沢栄一フォトグラフ」より）

人の能力を最大限に引き出す

孝の大本は何事にも強いて無理をせず、自然のままに任せたる所にある。（『渋沢栄一訓言集』）

親孝行というものは、本来、無理やりやらせようとしてはいけない。自然に任せるのがよいのだ。

従業員に見返りを求めるのではなく、経営者は、従業員が貢献することができる「場」を創り出すように心がけるのだ。チームのメンバー一人ひとりが、その能力を最大限に発揮する環境を作り出すことが経営者の仕事なのである。

一人ひとりをよく知り、誰にどの仕事をどのレベルまで要求するかを考え、教え教えられながら、実行する。人を育てて、チームを育てていく。そうすることで経営者自身の能力も上がるし、事業の質や大きさも上がる。

自分と同じ仕事をメンバーにも求めてはならない。自分とメンバーは、能力、立場、仕事内容、モチベーションにいたるまで違うのだということを肝に銘じよう。こんなにやっているのにどうして働いてくれないんだ、とか、給与として支払っているぶんは働いてもらわないととか、従業員に過度な貢献を求めてはならない。

それより、従業員が、ここで働きたいという働き甲斐や、雇用条件、居心地のよさを提供するようにすることが肝心だ。そうすればしだいに、従業員にもやる気と忠誠心が芽生える。

渋沢栄一はこう考えた

渋沢は、人の能力を最大限に引き出す天才であった。

ある日、新聞記者が渋沢のところに来て、どうやって数百人の社長とそこで働く従業員を集めたのか、その秘訣は何か、を聞いた。

渋沢はしばらく考えて、「一人の楽しみは決してその人限りで止まらず、必ず広くほかに及ぶ」と答えている。つまり、自分が楽しそうにしていると、一緒にいると楽しいだろうと思って人が寄ってくるといっているのだ。

渋沢は、会社を自分が経営すると自分の能力以上に育たない。であれば、これぞという人に経営させ、競わせることによって、日本の産業が発展すると考えていた。渋沢自身が経営していた会社もあり、また1人2社以上の経営者もいたので、設立した会社の数の500とはいわないまでも、わかっているだけでも350人以上の起業家を輩出している。

飛鳥山邸の居間にて、孫たちに囲まれた渋沢（『渋沢栄一伝記資料』別巻第10,p.247,「渋沢栄一フォトグラフ」より）

いつも従業員に見返りを求めていませんか？

チームのメンバーが力を発揮できる「場」をつくるようにしていますか？

人（とくに従業員）に自分と同じようにする（感じる）ことを求めていませんか？

人を育て続ける

新しき時代には新しき人物を養成して、新しき事物を処理せねばならない。（『渋沢栄一訓言集』）

新しい時代には若者を育て、新しいことにあたらせなくてはならないのだ。

「経営を突き詰めていくと、結局、ヒトにたどり着く」といわれるように、ヒトは最も重要な経営資源だ。どんなに優秀な経営者でも、たった一人でできることは限られている。ヒト以上に有望な投資対象はないのだ。

多くの事業は、人を育て、組織的に展開することで成長する。

人は必ず年を取るし、時代に適合できなくなるので、結局のところ、新たな（若い）人を育てていかなければ、事業存続さえ危ういことになる。若い人は、一部のベテランと比べると、仕事の習熟度、完成度、覚える速度は劣るかもしれない。しかし、数年後を考えると、若い人に任せるしか未来はないのだ。

また、ベテランは、仕事を覚えても、数年もしたら力が落ちてくることもあり、定年、引退するかもしれない。でも、若者であれば、辞める可能性はあっても、長く続くけて会社を支える存在になることもある。

企業にとって、若手人材づくりは、もはや避けては通れない。業績が向上している企業であればなおさら、人材づくりをもっと重要な業務に入れてもよいのではないだろうか。理念やミッションに共感し、同じビジョンに向かっていける、同じ志の人（若者）を集め、目的を共有し、育てながら、事業を進めるようにするのだ。

渋沢は生涯、様々な人材を育てあげるしくみを創った。

たとえば明治8（1875）年、商法講習所は、渋沢と同じく商工業の発展こそが国力を高めるとした森有礼《もりありのり》に渋沢が共感して出資したものである。授業は全て英語で行い、銀行での取引方法といった具体的な手法を学べた。その後、明治17（1884）年には、渋沢の働きかけで農商務省の直轄にて運営されるようになる。そして大正9（1920）年に東京商科大学（現在の一橋大学）になるのだが、この道は多くの困難があった。渋沢の盟友であった益田孝も、「商人に学問が必要か」と昇格に対して反対の立場をとっていた。しかし、渋沢は「実業家には見識が必要であり、ただ利益さえあればいいという態度では世界を舞台とした競争には勝てないだろう」と昇格を進めていった。

さらに渋沢は女性の教育も積極的に進めていった。明治19（1886）年には私立共立女子職業学校（現在の共立女子大学）の設立、また明治21（1888）年には、諸外国の人々と対等に交際できる国際性を備えた知性豊かな気品あふれる女性の育成を目的とした東京女学館を設立している。さらに明治34（1901）年には日本女子大学校の設立を手伝っており、最晩年には校長に就任している。

常に人を育てていくことを意識していますか？

次の時代のために人材を育てていますか？
育てる計画はありますか？

自分の事業なのか、組織で行うのか

他人を押し倒してひとり利益を獲得するのと、他人をも利して、ともにその利を獲得すると、いずれを優れりとするや。（『渋沢栄一訓言集』）

他人を押しのけて一人で利益を獲得するのと、他人にも利益をあたえるのと、どちらが優れているか、答えは明白である。

自身だけの事業にするか、組織として成長させるかは、最初の段階で決めるようにするのだ。つまり「利益が出るようになったら大きくしよう」では成功しない。ゆくゆく組織化するのであれば、最初から、その覚悟と設計が必要だ。

事業が拡大してから、組織化を考える人もいるが、これは難しい。新たな人材に、最初から100パーセントの成果を期待してはならない。どんな優秀な人材でも、成果を出すには時間がかかる。

100人の事業者が一人分大きくするときは、それぞれが1％多く仕事すれば実現できるが、一人の事業者が、新たに一人の従業員を雇うには200％の成果を出し続ける状況をつくらなければならない計算になる。

他人を押しのけて自分たちで利益を独占する事業は、世の中を発展させない。世の中が発展しなければ、事業も発展しない。

それだったら、利益の一部を周囲の人に分けるような事業を設計しよう。そのほうが、周りも喜ぶし発展する。

そうすれば、自分の会社も、長く儲けられる。周囲までも利する事業をするのだ。結局、それが、事業を発展させる。

渋沢栄一はこう考えた

渋沢は、会社制度を日本に普及した一人といえる。これにより、会社を設立したい人が、自分自身が用意できるお金以上の投資が必要なビジネスもできるようになった。つまり、お金がなくてもビジネスのアイデアがある人であれば、資本家が信じれば会社を創れるようになったのだ。

とくに明治初期の株式会社は、お金を持っている人は株式に投資してますますお金が増える、お金を持たない人は生活に必要なギリギリの賃金で働くから、いつまでたってもお金が増えないといった感じで、貧富の差が広がっていく傾向があった。これは、現代社会でもいまだ続いている問題といえる。

渋沢は、儲けを出すことは否定していないが、同時に道徳がなくてはいけないと説いている。これは、資本主義の弊害を道徳で補おうとしていたのかもしれない。

また、利益は、一社で独占するのではなく、多くの参加者を集めることにより、ますます利益は増え、事業も長く続き、産業自体も大きくなるといっている。

会社を創る側としては、最初に大きな投資がいる以上、軌道に乗ってからの拡大・運営まで十分考えておく必要がある。それが組織化である。

あなたは自分自身である程度完結する事業を行いたいですか？
それとも多くの人を巻き込む事業を行いたいですか？

あなたは、新たな人材に、
最初から100%の仕事を期待していませんか？

あなたは、周囲まで利する事業を考えていますか？

常識ある組織をつくる

円満な社会をつくるには常識を育てよ。社会の多数人に対する希望としては、むしろ完ったき人の世に隈《くま》なく充たんことを欲する。（『論語と算盤』）

一人ひとりが常識を持つことが、穏やかな社会をつくるコツである。社会の大多数が常識人となることが私の理想である。

組織化するときに最も重要なことは、常識ある組織をつくることだ。組織に、常識があれば、細かいルールは必要ないし、組織運営のコストも大幅に削減できる。社是や社訓はその拠りどころとなるものだ。

コストを削減できれば、メンバーに還元することもできるし、設備を導入することもできる。還元したり、新たな設備投資をしたりすれば組織のモチベーションも上がる。モチベーションが上がれば、売上も上がり、ますますよい組織になる。このようによい循環が生まれるのだ。そう考えると、経営者は、常識をどう育てるのかが腕の見せどころである。

理、社員や部下に繰り返し語りかけることだ。

ヒーローも必要だが、全員がそうなろうとすれば、争いが起きたり、収集がつかなくなったりしてしまう。

組織に大切なのは、全員をヒーローに育てることでなく、むしろ大多数の常識ある人をつくることなのである。

そして、ヒーローだけを評価するのではなく、その後ろに控える常識ある人材を評価していくことが肝心なのだ。その人たちが組織を支えてくれているからこそ、組織が維持できていることを理解しよう。

渋沢は生涯心配していたことがあった。

それは「明治維新以来、経済方面の改良進捗は相当に著しいものがあると思うが、精神方面は見るべきものがない。精神方面に少なからず憂いがある」といっているとおり、社会の精神面での充実であった。

渋沢は、これに対して「道徳経済合一説」を唱えた。利潤を追求するのが悪いのではなく、「自分さえ良ければ他人はどうでもよいとなってしまうのがいけないのだ。そうならないためにも、組織には常識が必要である」と説いている。

『論語と算盤』は、渋沢の考えを、渋沢の弟子がまとめたものである。もっとも、渋沢は孔子の考えが絶対だといっているわけではなく、「キリスト教も神も仏教の仏も心に属するものとして尊重する」という姿勢を崩していない。

大切なのは利益を追求する経済活動（算盤）が道徳の原理原則によって律しられなければならないというもので、その最適なものとしての『論語』を提示したのである。

常識（企業風土）を育てるために、具体的に何かしていますか？

大多数の常識人を育てることに注力していますか？

評価のしくみをつくる

皆が自分のことを分かってくれぬと嘆くより、第一に相手のことを知るべし。とかく人は一局部に不如意《ふにょい》のことがあれば、全体を善からぬものとする弊がある。人の行為の善意を判断するには、よくその志と所作の分量性質を参酌《さんしゃく》して考えねばならぬのである。（『論語と算盤』）

他人が自分をわかってくれないと嘆く前に、自分が相手を知ろうとしなさい。人は一部でも欠点があると、全体的に否定してしまうものだ。人を推し量《はか》るには、その人の志とやっていることの分量や性質をよく比較検討して考えなくてはならないのだ。

組織の絆《きずな》は「貢献」と「評価」によって決まる。ヒトは組織に貢献し、組織は社会に貢献する。そして、社会が組織を評価し、組織はヒトを評価する。評価によって組織は存続し、さらにまとまる。

経営者はどうやったら社会に貢献できるかを考えると同時に、どのように従業員やビジネスパートナーを評価していくのかを考えることが重要だ。成果はいつも上がるわけではないが、評価はいつでもできる。全員をよく見て、全員が公平になるように評価、分配をしていかなくてはならない。

平等と公平は違う。平等は皆に等しく分けることだが、公平は皆が納得するように評価、分配することだ。

「坊主憎けりゃ袈裟まで憎い」というように、人は、何か大きな負のものが見えてしまうと、全体が悪く見えてしまうものだ。冷静に、その人の考えや志と、やってきたこと、やろうとすることの両面を、量や内容を勘案しながら評価しなければならない。

口先だけで行動が伴わなくてもダメだし、実績があっても、志がない、もしくは正しくない志に基づいているのでもいけない。志と実績、これらの活動の2つがそろっているからこそ、素晴らしい人材なのだ。

渋沢栄一はこう考えた

渋沢は人を評価するとき、次の三点を大切にしていた。

一つ目は「行動と思いのバランス」だ。相手が今まで行ってきたことや、これからやろうとしていることと、相手の志や道徳心など心の持ちようのバランスがとれているかということである。いくら儲けるのがうまくても、いくら企画内容がよくても、志が正しくなかったり、そこに道徳心がなかったりしてはならない。

二つ目は、「事業の採算性」である。売上や原価の見込み、経費の採算性、そして利益はどのくらい出るのか、次はどこに投資をするのか、業界の見込みなど、その事業の採算性を数字で判断した。

三つ目は「事業の社会的意義」だ。この事業は本当に日本のためになるのか。現在、日本は何が足りないのか、日本の産業発展には何が足りないのかを考えていた。

渋沢は、この三点を満たす事業であれば、多少条件がそろっていなくても、助言、投資を行っていた。しかし、この三点のうち一点でも満たさなければ、動くことはなかったという。

成果だけでなく、その人の「考えや志」と「やってきたこと、やろうとすること」の両面で評価していますか？

強烈な負の印象があった時に、全てを悪く見ていませんか？

『渋沢栄一伝記資料』別巻第10,p.186,「渋沢栄一フォトグラフ」より）

昭和2（1927）年、日米の親善を願って約12000体の西洋人形が、アメリカから太平洋を越えて日本に贈られた。排日移民問題が過熱するなか、両国の児童の間に交流を結ぼうとこの活動を呼び掛けたのは、アメリカの宣教師シドニー・ルイス・ギューリック。受け入れに尽力したのが渋沢栄一である。日本では、当時流行していた野口雨情作詞の童謡の効果もあって、「青い目の人形」と呼ばれて人々に親しまれた。

ギューリックは20年の間、大阪、松山、京都で布教や教育に携わった親日家であり、日本に古来から五月人形や雛祭りなどの人形文化が根付いていることに着目した。世界児童親善会を立ち上げて「doll project（人形計画）」を行うことを考え、渋沢に手紙を送った。渋沢も、この計画に共感を覚え、日本国際児童親善会を設立（P194参照）し、外務省や文部省にも協力を要請する。

「青い目の人形」は、日本国際児童親善会が作成した『可愛いお人形が親善のお使』によると、「背丈は一尺五寸、手足は動くようにつなぎ、目は睫をつけて動くようにし、髪は縫いつけ、胴には綿をつめ、それから、ママーと声を出す仕掛け」だという。また人形は、アメリカの児童たちが中心となり、人形一体一体に親善の手紙を用意して、日本へ赴くための乗船切符と旅券まで準備するという想いのこもったものだった。

人形は12隻の船に積まれ、横浜港と神戸港に到着した。同年3月3日の雛祭りには、明治神宮外苑の日本青年館で、皇族、外務省や文部省の役人、日米の児童代表も集まり、歓迎式が盛大に行われた。渋沢は、その感激をギューリックに「児童ト共ニ感慨無量」と電報を送っている。

しかし渋沢が世を去って10年後の昭和16（1941）年、日米開戦になると、日本では「青い目の人形」の多くが処分された。今では、現存する人形は約300体にすぎない。写真は、まさに昭和2年3月3日の歓迎式の日、文部省に赴いた折に撮影された渋沢である。当時87歳を迎えながら、このイベントのために自ら先頭に立って活動する様子が、他にもたくさんの写真に残されている。老いてなお、不世出の実業家は、子供たちの未来のためにいかなる苦労も惜しまなかった。

（文責・担当編集N）

作成にあたり、『青淵』No.712 2008年（平成20）7月号の学芸員・川上恵「渋沢栄一と「青い目の人形」展開催にあたって」（「公益財団法人渋沢栄一記念財団」HP）を参考にさせていただきました。

第⑩条 事業継続できる会社を目指す

亡くなる２カ月前、飛鳥山邸にて。渋沢 91 歳（『渋沢栄一伝記資料』別巻第 10,p.252,「渋沢栄一フォトグラフ」より）

新たな気持ちで挑み続ける

日々に新たにしてまた日に新たなり。一朝、事に臨《のぞ》んで感激すれば、おのずから意気の奮興《ふんこう》するものである。全て形式に流れると精神が乏しくなる、何でも日に新の心掛けが肝要である。（『論語と算盤』）

新しい日が開ければ、また、新たな気持ちでことに挑むのがよい。毎朝、新たなことと感激していれば、自然とテンションもあがるものだ。全て形式的なものと思えば精神がすたれる。何事も、毎日新しいと考えることが大切なのである。

世の中は常に変化している。変化を常とし、変化するのを恐れず、変化するのが当たり前だ、と思うようにするのだ。経営環境の変化に対応して、自分も変化する勇気を持つのが経営者である。

常に進化し続ける事業、それが強い事業の条件だ。どんな事業でも現状を維持しているばかりでは衰退してしまう。同じものを売っていたら、購入回数を重ねるたびに、どうしても満足度は下がってしまう。

同じことをしていたら、どうしてもお客様はマンネリ化を感じてしまう。水と同じで、何事も一か所に留まると必ず濁《にご》ってしまうのだ。

老舗《しにせ》と呼ばれる店舗であっても、企業が何年も続くのには、数多くの見えない変化があるのだ。商品の大きさや形を変えたり、売り方を変えたり、店舗を変えたりして、ブランドを守っている。

毎日、気持ちを新たにして挑むのだ。今日という日は、二度と来ない。今日も昨日と同じだと思えば、気持ちはなえてきてしまう。新たな日が来たと思えば、気持ちも上向きになることだろう。同じように、前日にどんなことが起こっても、前日の気持ちを引きずってはならない。今日は今日でまた新たな日が来たのだ。

渋沢栄一はこう考えた

渋沢がパリ留学から帰ってきたとき、徳川幕府は倒され、代わって明治新政府の時代になっていた。渋沢ら幕臣は当然困惑するが、渋沢は、むしろ冷静に時代の流れを見ていたように思える。

渋沢は当初「新政府に媚びて仕官するつもりも、慶喜公のいる駿府藩の厄介になるつもりもない。自分でバンクをやるつもりだ」と父・市右衛門にいっている。駿府の慶喜へ、昭武から手紙を渡すと、すぐさま東京に帰るつもりだったが、駿府藩から勘定組頭を命ずるといわれた。これは、慶喜が渋沢を心配してのことであったが、渋沢はこれを固辞する。

その後、渋沢は、駿府（静岡）でバンクをつくるのだが、明治2（1869）年、今度は明治新政府から民部省へ入るようにと通達が来る。旧幕臣の渋沢からすれば、まさに敵への仕官である。そこで大隈重信に、「静岡（駿府から静岡へ改名）でまだまだやるべきことがある」と断りを入れたが、弁舌鮮やかな大隈に逆に説得されてしまう。

幕臣から民間、そして敵である明治政府と渋沢の働く環境は大きく異なったが、渋沢は、どこでも改革の気持ちを忘れず、日々新たなりの精神で改革を行っていった。

変化を恐れず、変化することが当然なのだと思っていますか？

現状維持は大きなリスクをはらんでいることを理解していますか？

毎日新たな気持ちで挑むようにしていますか？

日常を大切にする

小事かえって大事となり、大事案外小事となる場合もある。得意時代だからとて気を緩めず、失意の時だからとて落胆せず、常操をもって道理を踏み通すように心がけて出ることが肝要である。与えられた仕事にその時の全生命をかけてまじめにやりえぬ者は、いわゆる功名利達の運を開くことはできない。

（『渋沢栄一訓言集』）

小さなことが大きなことになったり、大きなことがやってみると意外に小さなことであったりすることがある。うまくいっているからといって気を緩《ゆる》めるのではなく、また、うまくいっていないからといって、過度に落ち込むのではなく、常に道を踏み外さないように穏やかに進むのだ。与えられた仕事を一生懸命やれないものは、その後、成功することなどありえない。

よい時に気を緩めて調子にのったり、悪い時に落ち込みすぎたりするのではなく、ある程度、いつも同じ気持ちで、一日一日をしっかりと過ごしていくことが肝心なのだ。

ちょっとしたことが大ごとになることもある。小さなことだからといって、おざなりにしたり、後回しにしたりせずに、その都度対応することが肝心だ。小さいうちに対応することで、大きなリスクの芽を摘むことができる。

逆に、大ごとだと思ったことでも、少しずつやっていったり、分解したりすることで、大したことないものになることもある。千里の道も一歩から、コツコツとやっていけばなんとかなるかもしれない。

まずは目の前の仕事に全力で取り組むこと。目の前の仕事や、与えられた仕事をないがしろにすると、大きな仕事を任せることはできない。人はそういった小さな仕事ぶりを見て、評価をするものだ。そういう仕事を軽視するようであるなら、出世したり有名になることなど叶わないのだ。

渋沢栄一はこう考えた

渋沢は、仕事を優先させるあまり、住まいを仕事場の近くに置くために何度も引越しをしている。東京に定住してからも、初めは湯島天神下、そこから裏神保町に移って、第一国立銀行が開業してからは兜町《かぶとちょう》に住んだ。そして、その3年後には深川福住町《ふくずみちょう》、その後も兜町に戻ったり、飛鳥山に移り住んだりしている。なるべく仕事場と生活の場所を近づけて、身体を休めることを優先した渋沢らしい考えである。

渋沢の住居にはもう一つの目的があった。それは、民間外交の場としての活用だ。とくに、飛鳥山の住宅には、アメリカ元大統領のユリシーズ・S・グラントやハワイの国王カラカウア、インドの詩人タゴール、中華民国の蒋介石《しょうかいせき》などが訪れている。

飛鳥山邸を訪ねた蒋介石と面談（昭和２年撮影）
（『渋沢栄一伝記資料』別巻第 10,p.202,「渋沢栄一フォトグラフ」より）

この邸宅には、家族のほかにも書生も住んでおり、また、渋沢のライフワークともいえる面会を行う場だったので、人の出入りが絶えなかったという。

よい時に気を緩めたり、
悪い時に落ち込みすぎたりしていませんか？

小さなことでも、その都度対応するように心がけていますか？

大きなことや難しいことでも、
分解して、少しずつ取り組むようにしていますか？

目の前の仕事に全力で取り組むようにしていますか？

時間を有効活用する

ここにも能率増進法あり。他人の時間を奪わないのはもちろんのこと、自分の時間も大切にするのだ。（『論語と算盤』）

他人の時間を奪わないようにすることはもちろんであるが、自分の時間も大切にするのだ（効率を上げる方法はこれしかない）。

経営者が圧倒的に足りなくなるのは時間だ。誰にとっても時間だけは等しく1日24時間だ。効率的な時間の使い方を知らないと、大きな成功を収めることは難しい。

時間はまとめることで価値が上がる。まとまった時間にしかできないことがあるからだ。小さな時間を集めて、なるべくまとまった時間を確保するようにする。

たとえば、お客さんのところに15分前に着いたとする。その15分を無駄に使わずに、先方に連絡して15分前から面談を申し込む。帰りにも15分の空き時間があったとしたら、30分の時間が作れる。そうすれば30分かけてやるべきことが、その時間にできる。まとめることで価値が上がるということだ。

もし、先方が都合悪ければ、15分でできる仕事を入れるようにするしかない。その時間を有効に使うことで時間の価値が高くなる。

また、やるべきことは、できる時にどんどん進めてしまおう。とくに、スタートダッシュが大切だ。先行することで精神的にも大きな余裕を持つことができる。やったことがあると感じることと、全くやったことがないのとは大きく違う。同じように、復習よりも予習、終礼よりも朝礼、検証よりも仮説出しが大事なのだ。つまり、未来に向けて、どれほど有効な準備ができるかということだ。

渋沢は出されたものは何でも食べたというが、栄養を摂《と》れれば食事はどうでもよかったようだ。パリに留学している時には、オートミールにはまってしまい、三食オートミールの食事なんていうこともざらにあった。

また、商業会議所を代表して渡米した時も、アメリカ国内での移動用に自動車を購入している。このエピソードからも、渋沢がいかに時間を大切にしていたかがわかるだろう。

だが、渋沢は、睡眠時間だけは毎日6時間は確保していた。睡眠の重要性を知っていたのだ。渋沢が91歳という当時にしては長生きだったこと、その2年半前には最後の株式会社、日本航空運送を、そして、2年前には中央盲人福祉協会を設立したことからも、その超人的な健康・長寿が、じつは十分な睡眠に支えられていたのではないかとうかがえる。

時間を大切にするということは、睡眠時間の確保という観点からも重要であることがうかがえる。

時間をまとめて大きな時間をつくるようにしていますか？

やれることはどんどん先にやるようにしていますか？

少しでも予習や仮説出しをやるようにしていますか？

心と健康を守る

世の中のことはすべて、心の持ちよう一つでどうにでもなる。（『論語と算盤』）

世の中の出来事は、全て心の持ちようによって決まる。

健全なる精神は健全な肉体に宿る、という。体調を崩せば精神も病む。逆に精神が病めば体調も崩れるという意味だ。

経営者が心の健全性を保てなくなれば、事業は大きくとん挫する。カネがなくなるから事業が終わるのではない。経営者の心が先に折れてしまうのだ。心が折れてしまうことにより、カネの手配がうまくいかなくなるので倒産という結果を招く。

したがって、経営者は自らの心をケアしながら、強い気持ちを持ち続けることが大切だ。飽きないように事業に変化を加えたり、たまには心を逃がしたり、休めたりしてもいい。決定的なダメージを受けなければ、経営している間に、徐々に心を強くすることができるようになる。

健康でなければ成功できないというわけではないが、経営者は、自分の身体に応じたベストパフォーマンスを出せるように、自分の身体を調整することが大切だ。経営者にとって、体調を崩すほど頑張ったというのは、言い訳にさえならない。緊急度や重要度、スケジュールなどを考え、故障しないように休むことも大切だ。

同じように、心も守らなければならない。どうしても嫌なものからは逃げる、どうしてもやりたくない事はやらないと判断することも大切である。

渋沢栄一はこう考えた

渋沢は元来、身体の健康に恵まれたうえに、酒、たばこもほとんどやらなかった。また、睡眠時間も十分に取り、食事もなんでも食べていた。フランス留学時代にはオートミールにはまるなど、食生活は栄養中心だったようだ。では、ストレスはどうだっただろうか。渋沢は日本の行く末を案じ、業務量も多かったことから、その心理的負担は計り知れない。

日本女子大学３代目校長就任挨拶。昭和６（1931）年６月22日撮影。同年11月11日、91歳で永眠した。（『渋沢栄一伝記資料』別巻第 10,p.159,「渋沢栄一フォトグラフ」より）

若いころ、祈禱師《きとうし》をやっつけたことや、代官のふるまいに怒ったこと、高崎城乗っ取り事件などやんちゃな時代があったので、さぞかし感情が表に出ていた人かと思ったが、晩年の渋沢は、いつも穏やかで怒ったところを見たことがないという評価が大半である。

日本女子大学校の校長になったときも「私達のやさしいおじ様」と評されている。とはいってても、とくに晩年の渋沢は、現役の大臣も気を遣《つか》っていたほど威厳ある存在であった。

心を守る行動をしていますか？
これから、具体的にどのような行動をしますか？

自分の体調をベストな状態にするように心がけていますか？

あきらめずに続ける

およそ新創の事業は一直線に無難に進み行かるべきものではない。あるいは躓《つまず》き、あるいは悩み、種々の困難を得、辛苦《しんく》を舐《な》めてはじめて成功を見るものである。（『論語と算盤』）

およそ新しい事業は何事もなく一直線に成功するものではない。つまずいたり、悩んだりして、かずかずの困難を得て、辛酸《しんさん》をなめることで、初めて成功するものである。

経営にとって、最も大事なことの一つがゴーイングコンサーン、つまり継続していくことだ。生き延びること自体が素晴らしいことなのだ。経営をしていると、失敗することもある。外部環境の変化でどうにもならないこともあるだろう。それ自体は言い訳にもならないが、そのような時でも、生き残ることを考えるのだ。

多少、計画通りにいかなくても、継続することで様々な付加価値が生まれる。続けていれば、生存者利益が見込めることもあるだろうし、再チャレンジの権利を得るかもしれない。経営者としての最低限の仕事は、事業が自ら生きたいと思っているときに存続させることである。

時には、様々なことに目をつぶっても、恥をかいても生きながらえることを考えるのだ。経営者が自ら諦めずにやっていけば、多少のことでは、会社はつぶれない。

何度もチャレンジしよう。創意工夫し、責任持ってチャレンジし続けることこそ、成功する経営者における最大の資質だ。

渋沢栄一はこう考えた

渋沢の経営は素晴らしいところが数多くあるが、なかにも特筆すべきは、どんな困難があっても最後まで諦めずに続けるところではないだろうか。

明治元（1868）年に、渋沢が「バンクを創る」といってから、明治7（1875）年第一国立銀行の頭取となるまで、様々な苦難を乗り越えてきた。第一国立銀行の設立時、渋沢はまだ政府にいて、制度設計などを担当していた。ところが、いざ開業という時には、渋沢は井上馨らとともに大蔵省を辞めてしまうのである。

そして銀行内の派閥争いにより頭取ではなく、総監役として着任した渋沢は一から行員を育てあげる。そんな甲斐もあり6か月後に増資することになると、江藤新平の佐賀の乱がおこる。そして、その2か月後には、台湾出兵が起こった。前年の凶作もあり、米価が高騰し、物価も上がっていた。そのようななか、政府は取扱い高の3分の1を担保として積み上げることを要求してきた。これに対応しきれなかった小野組が破産する。小野組は三井組とともに第一国立銀行の株主で実際に経営にも参画していた。その小野組の破産である。渋沢は、ここでも獅子奮迅《ししふんじん》の活躍をして危機を乗り越える。

何があっても諦めず、粘り強く物事に取り組んでいく渋沢の姿勢がよく出ている。

苦しい時も、ゴーイングコンサーンを意識していますか？

ピンチの時も最後まで創意工夫し、
チャレンジしていく決意を持ちましたか？

おわりに

私は中小企業を経営して２０２４年で32期目になる。この年、図らずも51歳で脳梗塞により入院するまで、10社以上経営してきた。

思い返せば、私が19歳の7月、アルバイトに行っていた塾が倒産し、ひょんなことから右も左も分からない大学生が会社を創ったのが初めての経営だった。経済学部経営学科に通っていたものの、まだ3か月ほどしか大学に通っておらず、しかも、肝心な授業もさぼりがちであったため、さっぱり経営についてわからなかったが、会社をつくるのは何とかできた。

でも、いざ会社をつくると、何から手を入れていけばよいのかさっぱり分からないのに、また朝は来てしまい、毎日が始まる。そして夕方になると、子供たちが来てしまい、授業が始まる。授業が終わると職員の愚痴《ぐち》やら何やらで時間があっという間に過ぎていき、月末には、みんなに給与を支払うといった生活に追われていった。

３か月ほどたったころであろうか、そのような時、ふと、経営をしてみよう、自らが動かなくても、成り立っていくような会社を創ろうと思った。そこで思い出したのが渋沢栄一である。渋沢の事は小学生のころから知っている。幼少期から祖父に聞かされていたこともあり、多少学んだこともあった。

改めて渋沢のいっていることを見返してみると、まず目に入ったのは、「奇矯《ききょう》に走らず、中庸《ちゅうよう》を失せず」という言葉だった。私は、塾を経営するにあたり、完全にオリジナルのものを求めて工夫を重ねていた。それは経営には欠かせないのだが、たとえば既存のテキストでも良いものはあるのだ。

ここで求められているのは、オリジナルか否かではなく、生徒の立場に立った時に何が有効なのかということなのである。そう考えたら、だいぶ仕事がやりやすくなった。

それからの私は時間が見つかると、渋沢の書籍を読み漁《あさ》り、そこからヒントを得て経営に活かすということをやってきている。人に裏切られた時もある。お金に困ったときもある。自分がやること全て裏目に出たときもある。

そんな時に、渋沢の本を手に取ると、全て、渋沢も経験済みで、私はこう動いた、こう感じたと書いてあるのだ。そのたびに、あの渋沢でさえこういう経験をしているんだと勇気づけられた。

渋沢の経営の良いところは、現代の経営にも不変の法則がそこにあるということだ。今回、本書での設問に答えていくと、その答えがそのまま経営のチェックリストになっているのがおわかりだろう。

個々の質問は、そんなのあたりまえだろうというものかもしれない。しかしそのなかには、いくつか忘れてしまっているもの、やっていないものがあるはずだ。

私自身、渋沢の大ファンであるが、本書は、渋沢礼賛《らいさん》の本ではない。渋沢さん、あなたは立派な人だったということを強調したいのではないのだ。実際、失敗したものもたくさんある。でも、それを差し置いても、渋沢の実績は素晴らしいし、失敗の言い訳や、後処理、そして、たまには逃げるところも経営にはありで、そういうところもあっての魅力なのだ。

今回、2024年7月に渋沢栄一が1万円札になることを発表したのは、当時の麻生太郎財務大臣だった。私は自民党に心酔しているわけではないが、あの日、麻生氏は、何とも誇らしげで良い顔をしていた。しかも、その発表がおおよそ3年前という異例の早さであった。準備に時間がかかるというのもあったかもしれないが、おそらく麻生大臣が発表したかったからに違いない。現代経営において、今こそ日本経済は渋沢経営を思い出すべき時機にあると思われるからだ。

今回、本書の編集方針として、現代において会社をつくるのに、組織を経営するのに必要な10の法則をイメージした。渋沢の経営に対する私の意訳になっている点は否めない。しかし、渋沢の言葉がなるべく前後の文脈を読み解き、当時の時代背景も加味して渋沢の意図を汲み取るよう努めた。

私が渋沢栄一に学んで何とか経営者としてやり抜いてきたエッセンスをまとめたつもりだ。本書が皆さんの経営やマネジメントに役立つことを願っている。

【参考文献】

- 『論語と算盤』国書刊行会　渋沢栄一著
- 『雨夜譚《あまよがたり》／渋沢栄一自伝』岩波文庫　渋沢栄一著　長幸男校注
- 『渋沢百訓　論語・人生・経営』角川ソフィア文庫　渋沢栄一著
- 『渋沢栄一　１００の訓言』日経ビジネス人文庫　渋澤健著
- 『「論語」を生かす私の方法』イースト・プレス　渋沢栄一著　斉藤孝訳・責任編集
- 『渋沢栄一　巨人の名語録』ＰＨＰビジネス新書　本郷陽二著
- 『こども　論語と算盤』祥伝社　守屋淳監訳
- 『小説　渋沢栄一（上）（下）』幻冬舎文庫　津本陽著

カバー・本文デザイン――宮澤来美（睦美舎）

※本書の性格上、『論語と算盤』『渋沢栄一訓言集』『青淵百話』などの引用文は、実用的に渋沢栄一の言葉に触れて欲しい趣旨から、筆者が適宜読みやすく意訳した部分もある。

【著者紹介】

折原 浩（おりはら・ひろし）

1972年埼玉県生まれ。学生時代に起業して以来、経営者として株式会社ディセンターをはじめ計6社を経営する一方、起業家や中小企業経営者へのコンサル、セミナーを行なう。
現在、全国商工会連合会・認定経営支援マネージャー事業委員長（2011年〜）、小規模事業者持続化補助金採択委員会全国委員長（2015年〜）などを務める。経済産業省・農林水産省・中小企業庁の各種委員も歴任した。

理想の経営
渋沢栄一に学ぶ成功への10カ条

2024年7月18日 初版第1刷発行

著 者 折原 浩
発行者 松信健太郎
発行所 株式会社 有隣堂
本 社 〒231-8623 横浜市中区伊勢佐木町 1-4-1
出版部 〒244-8585 横浜市戸塚区品濃町 881-16
電話 045-825-5563 振替 00230-3-203
印刷所 シナノ印刷株式会社

ISBN978-4-89660-249-4 C0034